伊能図大全

第1巻

伊能大図

北海道・東北

渡辺一郎 監修

河出書房新社

目次

はじめに　3
北海道　大図全図　4
東北　大図全図　6
北海道　大図索引図　8
東北　大図索引図　10
第1号　色丹島　12
第2号　国後島北部　13
第3号　国後島南部（1）〜（2）　14
第4号　羅臼　17
第5号　標津（1）〜（3）　18
第6号　根室（1）〜（3）　21
第7号　網走（1）〜（2）　26
第8号　常呂（1）〜（2）　29
第9号　紋別（1）〜（2）　32
第10号　枝幸（1）〜（3）　34
第11号　頓別（1）〜（3）　37
第12号　稚内　40
第13号　天塩（1）〜（3）　42
第16号　利尻・礼文（1）〜（2）　45
第15号　天売・焼尻（1）〜（3）　47
第16号　留萌（1）〜（2）　50
第17号　増毛（1）〜（3）　52
第18号　石狩（1）〜（3）　58
第19号　夕張岳　62
第20号　積丹（1）〜（3）　63
第21号　岩内（1）〜（3）　67
第22号　厚岸（1）〜（2）　70
第23号　釧路（1）〜（2）　74
第24号　十勝川河口（1）〜（3）　78
第25号　広尾（1）〜（3）　81
第26号　浦河（1）〜（2）　85
第27号　門別（1）〜（2）　88
第28号　苫小牧（1）〜（3）　91
第29号　室蘭（1）〜（3）　96
第30号　長万部（1）〜（4）　100
第31号　森（1）〜（2）　106
第32号　函館（1）〜（2）　109
第33号　瀬棚（1）〜（3）　112
第34号　江差（1）〜（3）　116
第35号　奥尻島　120
第36号　松前（1）〜（3）　121
第37号　渡島大島（1）〜（2）　125
第38号　鰺ヶ沢（1）〜（3）　127
第39号　青森（1）〜（3）　131
第40号　野辺地（1）〜（3）　136
第41号　大間（1）〜（2）　141
第42号　八甲田山　144
第43号　弘前（1）〜（2）　145
第44号　八戸（1）〜（2）　148
第45号　久慈（1）〜（3）　152
第46号　宮古（1）〜（4）　155
第47号　釜石（1）〜（3）　159
第48号　石巻（1）〜（3）　162
第49号　二戸（1）〜（3）　166
第50号　盛岡（1）〜（3）　170
第51号　一関（1）〜（3）　174
第52号　仙台（1）〜（3）　179
第53号　白石（1）〜（3）　183
第54号　原町（1）〜（3）　187
第55号　いわき（1）〜（3）　190
第56号　福島（1）〜（3）　193
第57号　日立（1）〜（3）　196
第58号　銚子（1）〜（3）　199
第59号　深浦（1）〜（3）　202
第60号　能代（1）〜（3）　205
第61号　森吉山（1）〜（2）　209
第62号　秋田（1）〜（3）　211
第63号　本荘・大曲（1）〜（3）　214
第64号　横手・湯沢（1）〜（4）　219
第65号　新庄（1）〜（4）　223
第66号　山形（1）〜（3）　227
第67号　会津若松・米沢（1）〜（3）　232
第68号　白河（1）〜（3）　236
第69号　宇都宮（1）〜（3）　242
第70号　酒田（1）〜（3）　246
第71号　温海（1）〜（2）　249

本巻収録大図の地図凡例
○　宿駅
☆　天測点
⛵　湊
⛩　神社

第1巻　伊能大図　北海道・東北

はじめに

渡辺一郎

本巻は、大図の図番順に北海道と東北を収める。北海道部分は第一号から第三七号である。第三四号、第三五号は国立歴史民俗博物館所蔵（歴博大図）で、その他はすべてアメリカ議会図書館の所蔵（アメリカ大図）で、二〇〇一年に筆者渡辺と妻が発見したものである。旧日本陸軍の地測部により明治初頭に模写されたものと推測されるが、アメリカに渡った経緯はわかっていない。

第三四号と第三五号は同系統の模写図であるが、戦後に秋岡武次郎博士が市中から購入し、秋岡コレクションの一部として歴史民俗博物館に入ったものである。

第一二号「稚内はアメリカ大図では欠図なので、海上保安庁海洋情報部所蔵（海保大図）の図（ケバ式の図法）で補った。第三二号「函館、第三六号「松前」は、アメリカ大図だが彩色がないので今回着色再現した。その他の北海道の原図はすべて、もともと彩色図である。

伊能忠敬は第一次測量で北海道東南岸を測り、現在は別海町となっているニシベツに達した。彼は根室まで行くつもりだったが鮭漁の最盛期に出くわし、人手不足のために引き返すことにした。残りの北海道沿岸は文化八年末から文化一四年にかけて、門人の間宮林蔵の手で完成されたといわれる。しかし近年になって地元の研究者から、第一次測量の伊能図と最終版伊能大図を対比して、北海道図は間宮の測量成果に大きく依存しているのではないかという説が発表された。部分的には確かに伊能図と明らかな相違点があって説得力はある。今後の研究の進展を待ちたい。

一方、東北地方は、第三八号「鯵ヶ沢」から第五六号「福島」までと、続く第五七号「日立」、第五八号「銚子」までの二一図、第五九号「深浦」から第六八号「白河」と続いて、第六九号「宇都宮」から第七一号「温海」までの一三図を収載する。東北地方の原図の図番が北から南に三本の流れを作っているのは、測量が第一次測量（蝦夷地の往復）、第二次測量（本州東海岸）、第三次測量（出羽から日本海沿岸）と、三回の測量で東北一円が完成したことに由来している。

東北地方の地域図を概観して感じるのは、南北の測量線を横切る横断（東西）経路がないことである。西国測量では地勢の急峻な岬や半島などの突出部で、必ず「横切り測線」（根元を測線で結ぶ）を入れて測量精度の維持に努めているが、東北測量でそのような測線が見当られない理由はわかっていない。

第二次測量で測量された松島海岸辺りから釜石付近まで、当時の仙台領では海岸線を走る長大な水中測線が多い。海岸には満足な道がなかったと思われるが、初めの頃は地元の負担は大変だったと想像できる。釜石を過ぎて南部領に入ると船測はまったく出てこない。大きな岬はほとんど根元部分の道路を測ってすませている。測量日記によると南部領には幕府の通達が伝わっておらず、仙台領の付き添い村役人が折衝してようやく役人が出てきたという。地域によって地元の協力の温度差が大きかったらしい。

第五三号「白石」から第五八号「銚子、第六五号「新庄から第六九号「宇都宮」、第七〇号「酒田」から第七一号「温海」までの一二図は、一九九七年に当時国立国会図書館の特別資料課長だった鈴木純子氏により気象庁で発見され、移管された国立国会図書館蔵の大図（国会大図）である。第五六号はほぼ同時期に確認された国立歴史民俗博物館の所蔵（歴博大図）、第五二号はアメリカ大図の着色再現図である。第六四号「鳥海山・象潟」には、いまはなき象潟湖が描かれている。

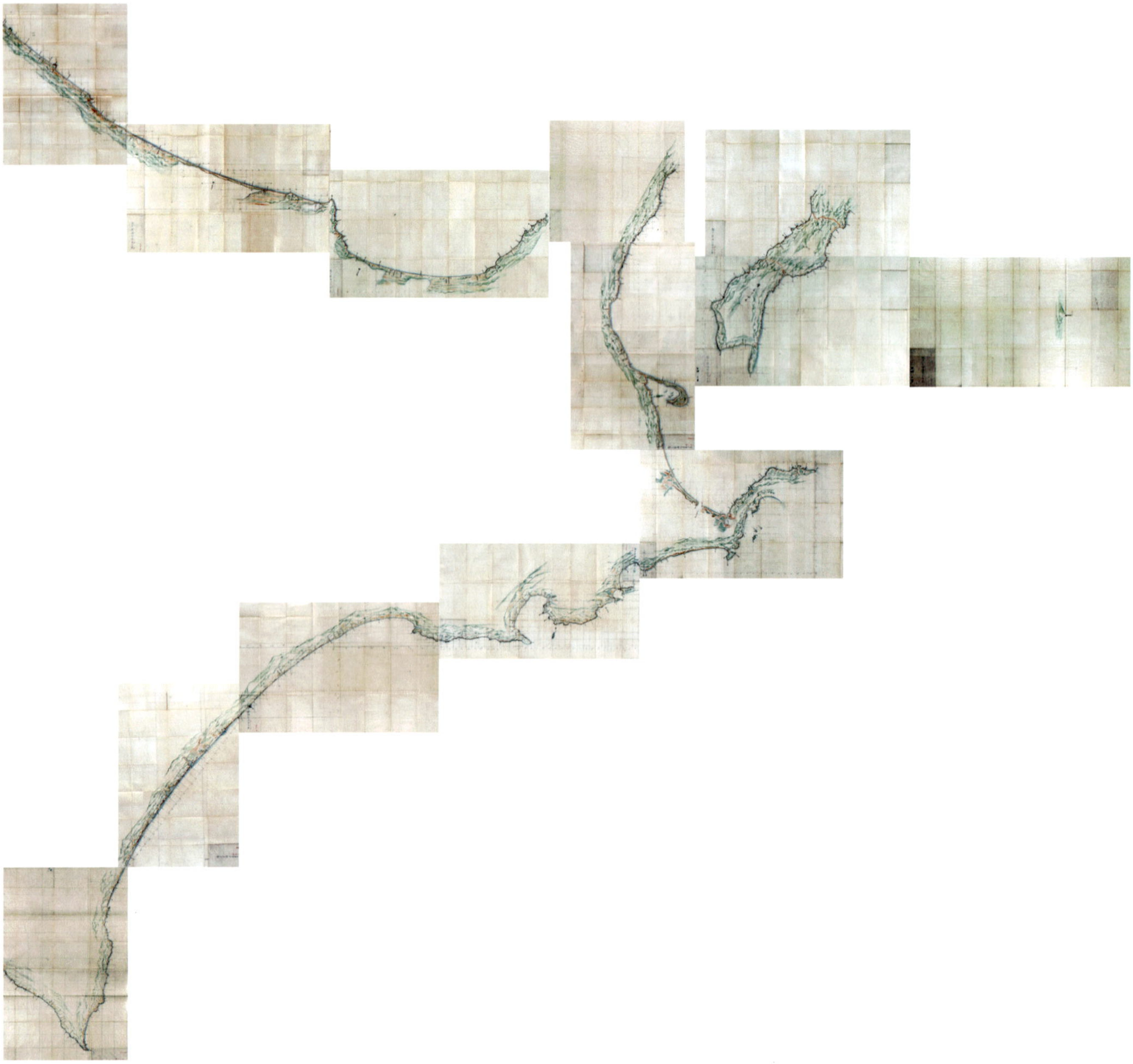

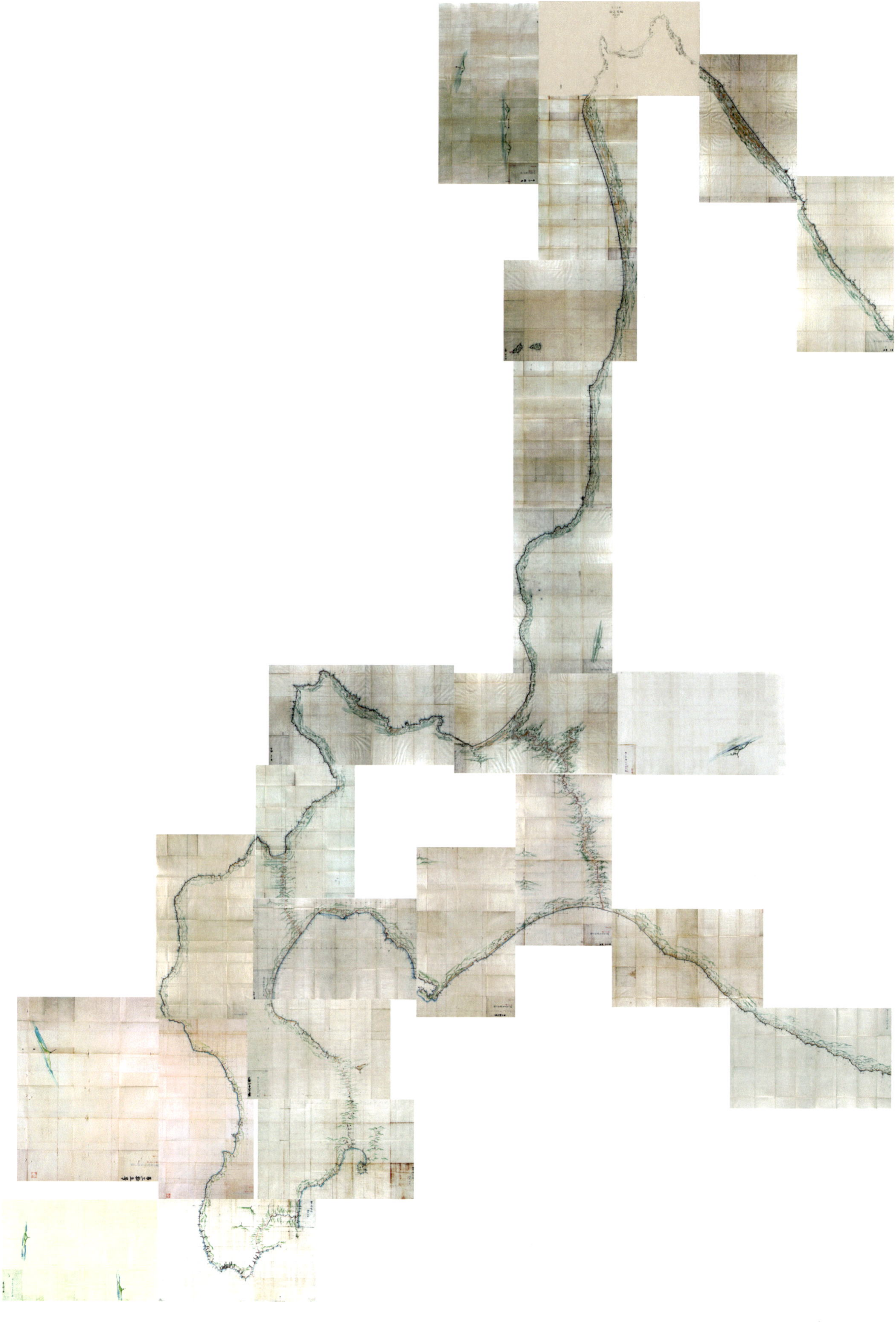

北海道 大図全図

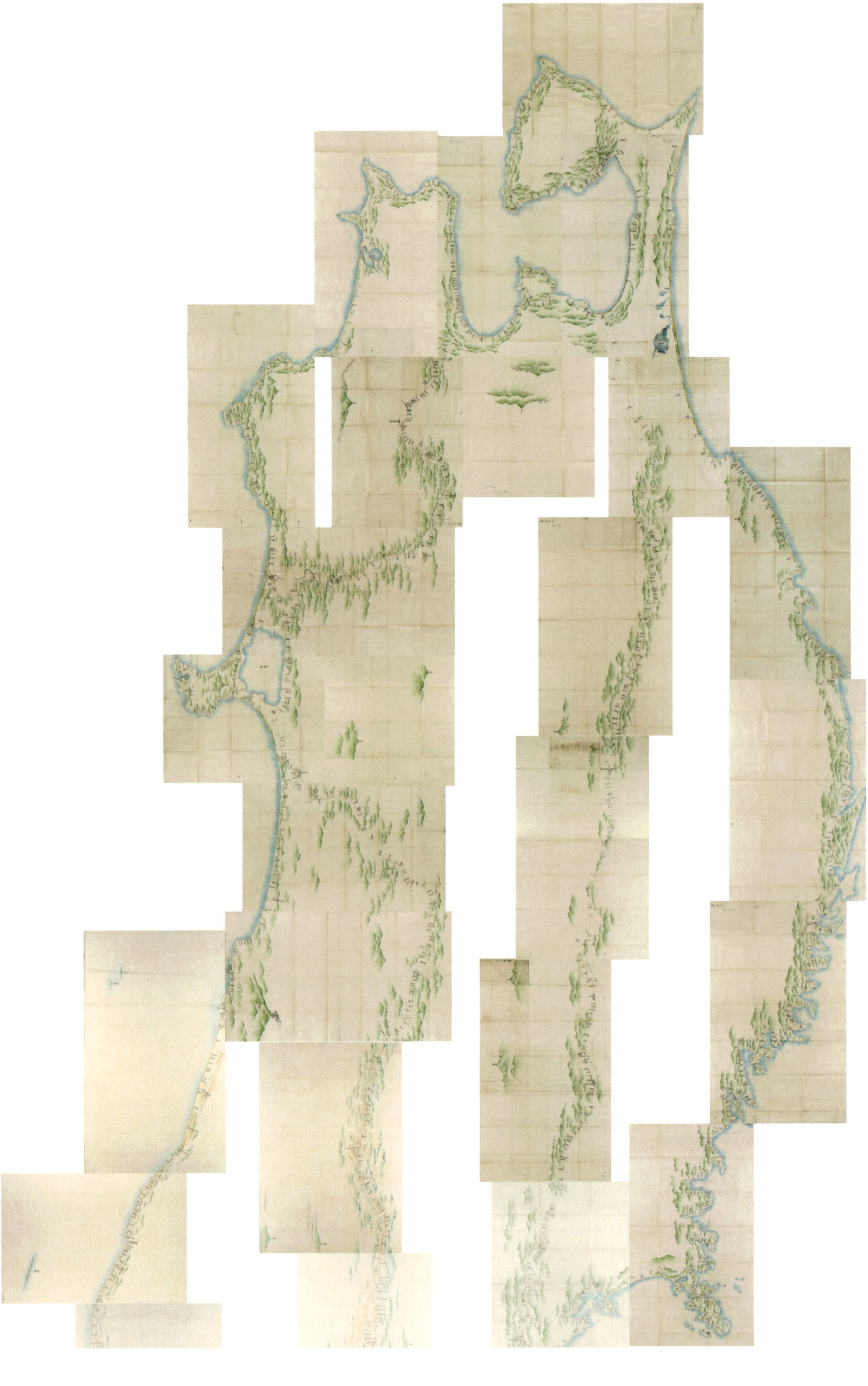

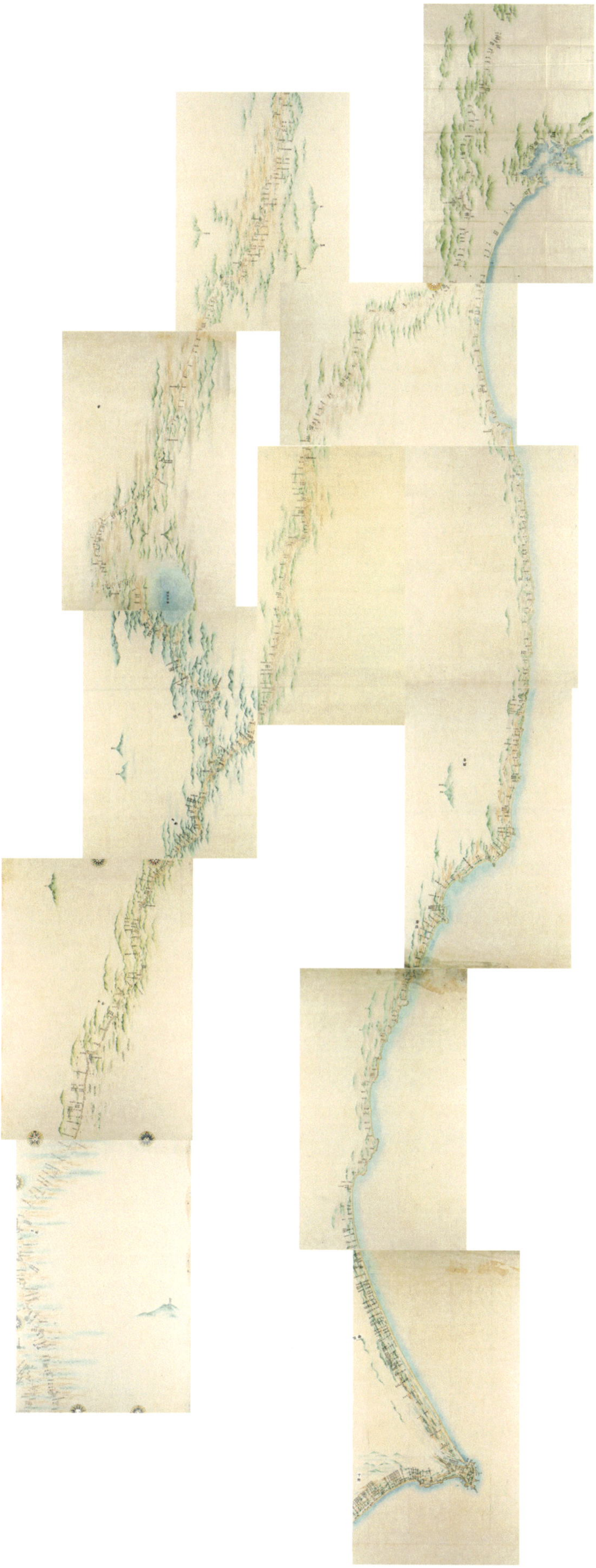

007　東北 大図全図

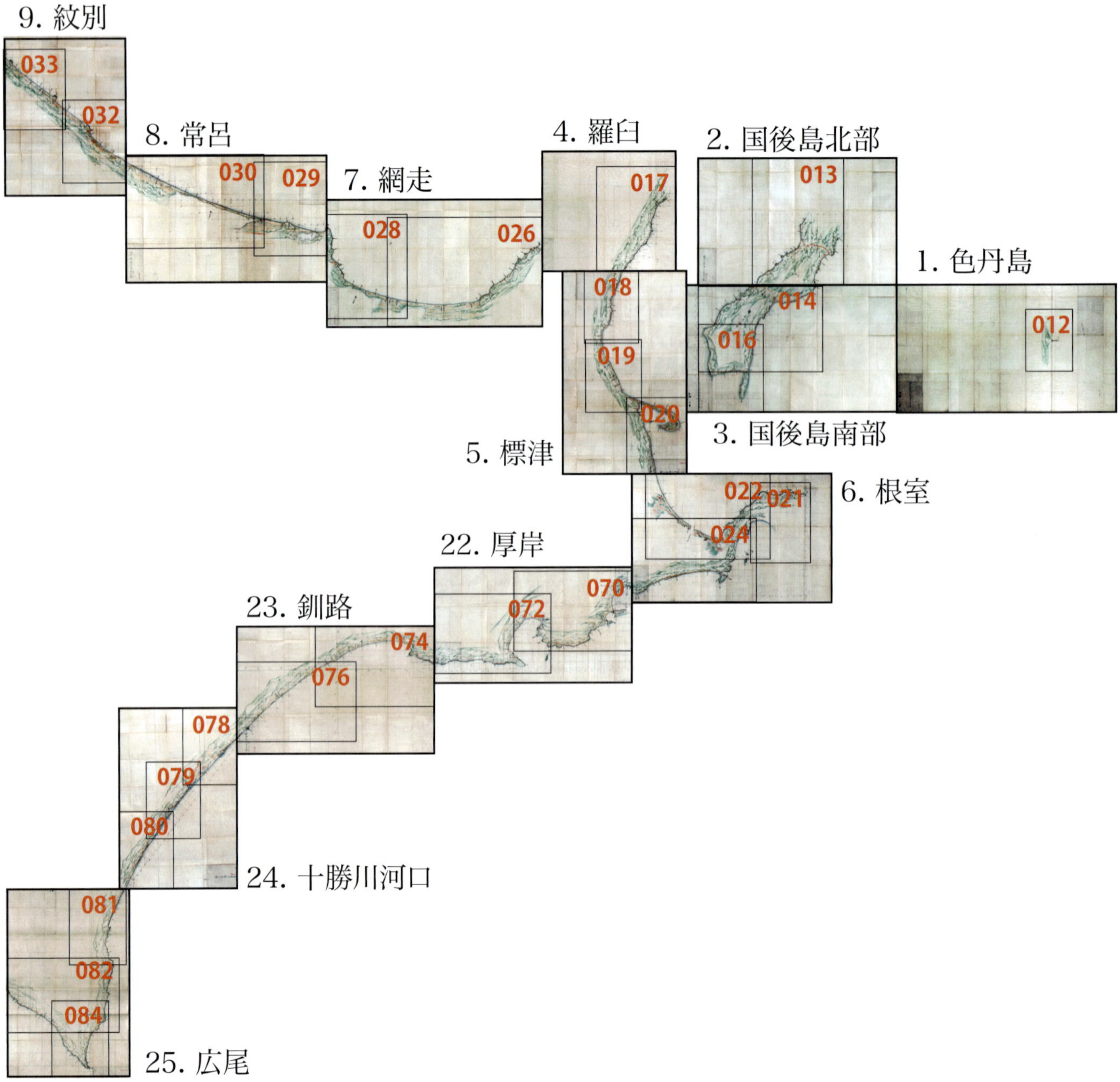

赤色の数字はページ数を表わす。

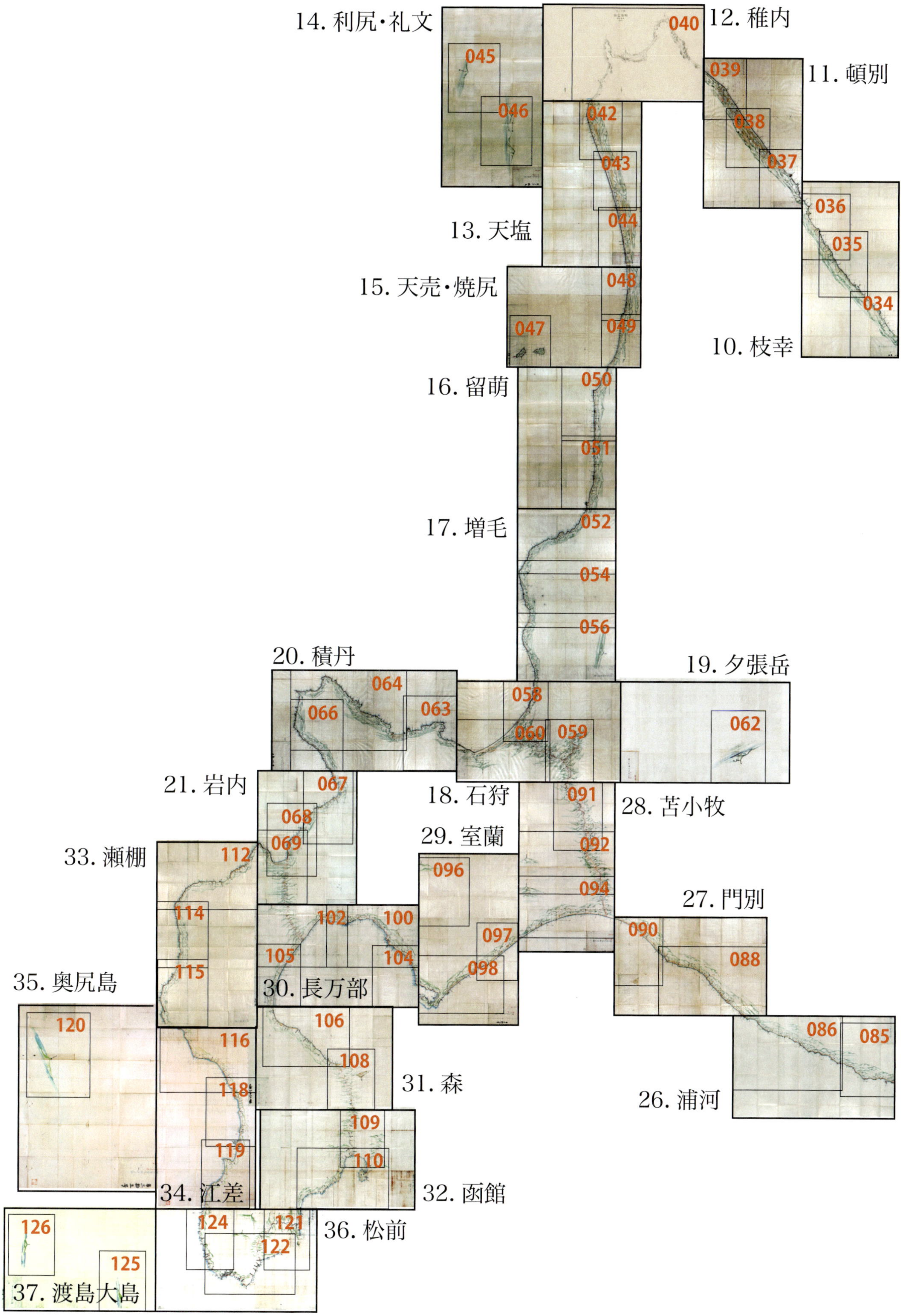
14. 利尻・礼文
045
046
12. 稚内
040
11. 頓別
039
038
037
13. 天塩
042
043
044
10. 枝幸
036
035
034
15. 天売・焼尻
047
048
049
16. 留萌
050
051
17. 増毛
052
054
056
20. 積丹
064
066
063
18. 石狩
058
060
059
19. 夕張岳
062
21. 岩内
067
068
069
28. 苫小牧
091
092
094
29. 室蘭
096
097
098
33. 瀬棚
112
114
115
30. 長万部
102
100
105
104
27. 門別
090
088
26. 浦河
086
085
35. 奥尻島
120
34. 江差
116
118
119
31. 森
106
108
32. 函館
109
110
36. 松前
124
121
122
37. 渡島大島
126
125

北海道 大図索引図

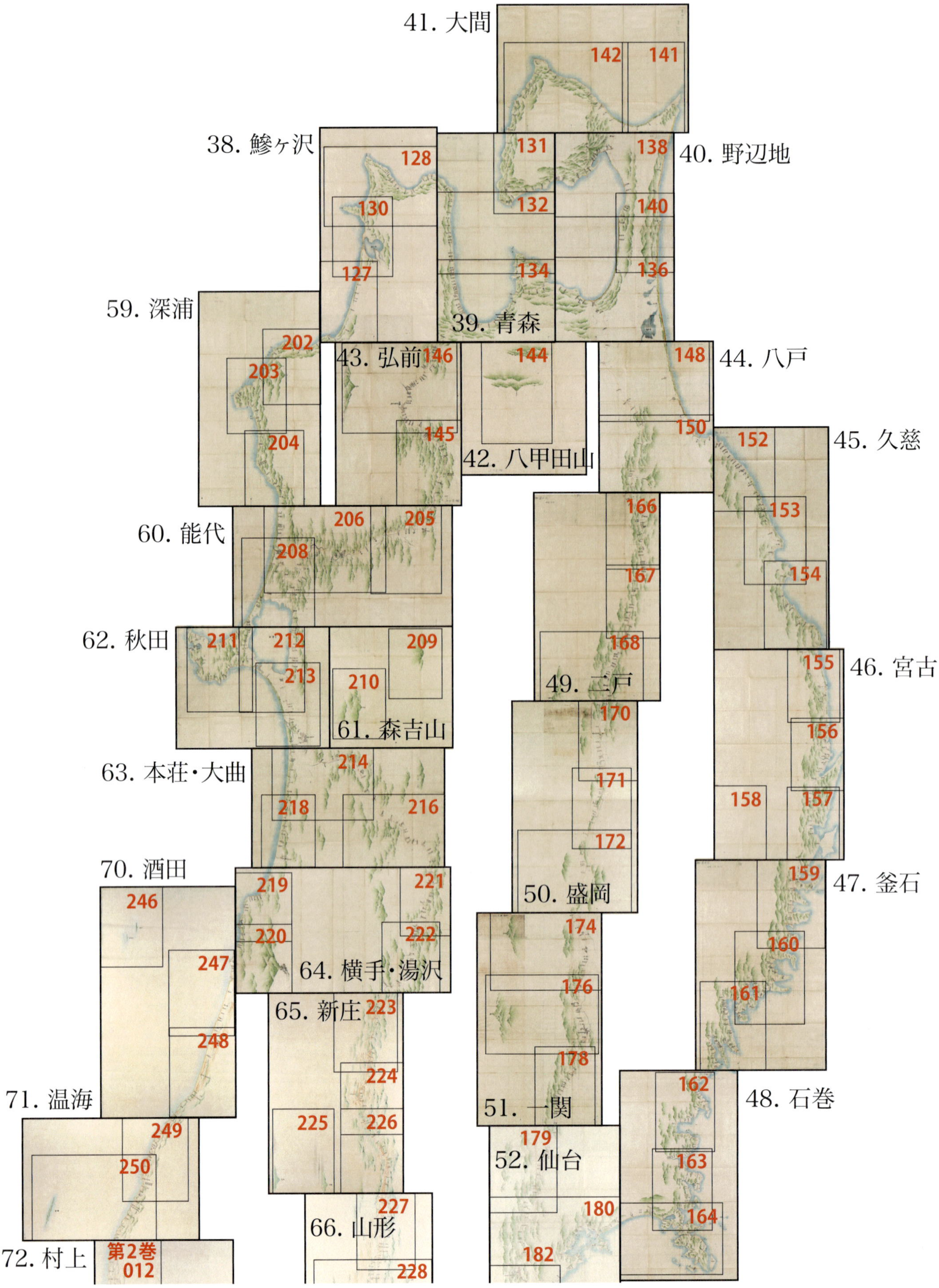
41. 大間
142
141
38. 鯵ヶ沢
128
131
138
40. 野辺地
130
132
140
127
134
136
59. 深浦
39. 青森
202
43. 弘前
146
144
148
44. 八戸
203
204
145
42. 八甲田山
150
152
45. 久慈
60. 能代
206
205
166
208
153
167
154
62. 秋田
211
212
209
168
155
46. 宮古
213
210
49. 二戸
170
156
61. 森吉山
63. 本荘・大曲
214
171
218
216
158
157
172
70. 酒田
219
221
50. 盛岡
159
47. 釜石
246
174
220
222
160
247
64. 横手・湯沢
176
161
65. 新庄
223
248
178
224
162
48. 石巻
71. 温海
225
226
51. 一関
249
179
163
250
52. 仙台
227
180
164
66. 山形
72. 村上
第2巻
012
228
182

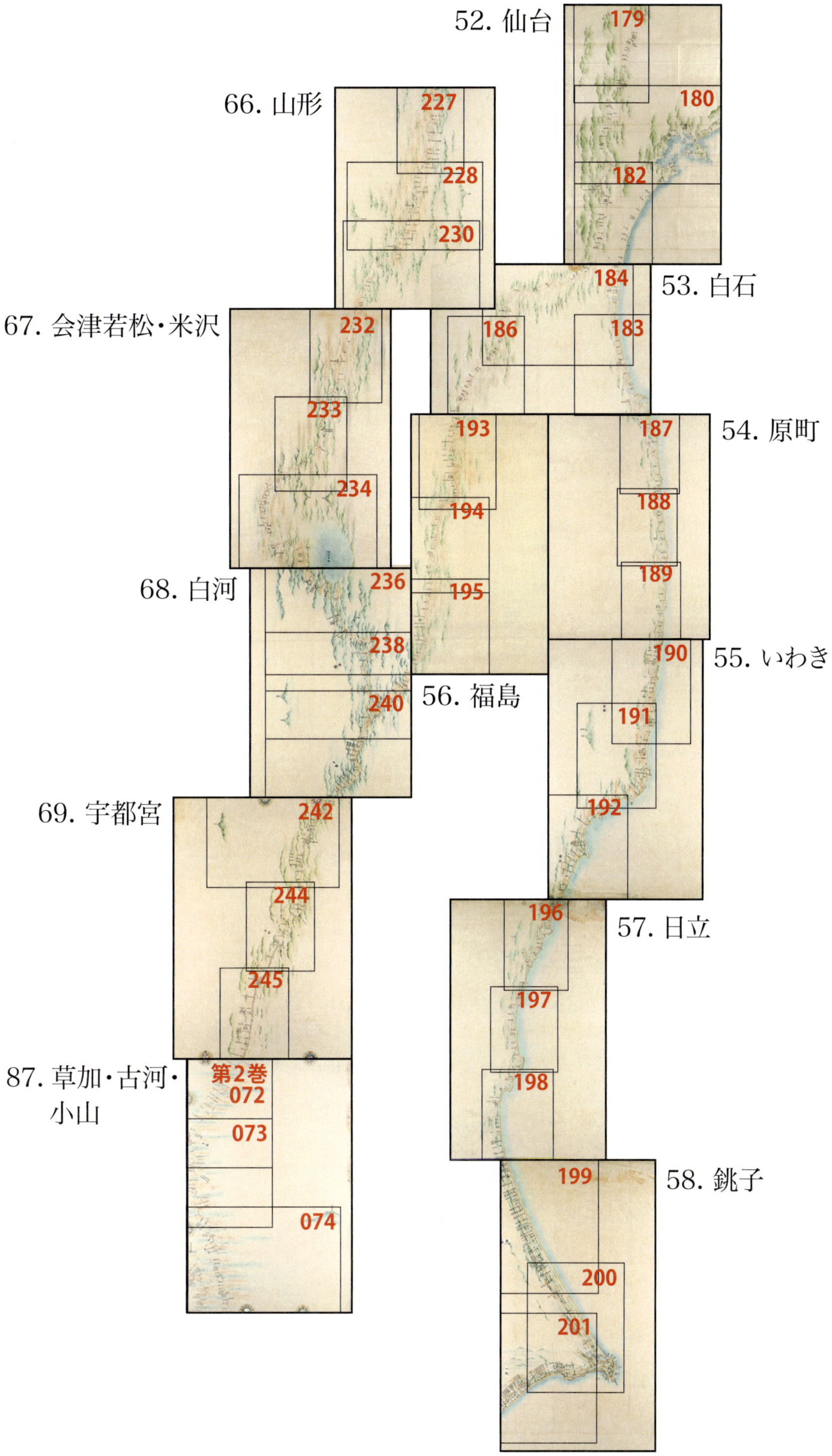

52. 仙台
179
180
182
66. 山形
227
228
230
53. 白石
184
186
183
67. 会津若松・米沢
232
233
234
54. 原町
193
194
195
187
188
189
68. 白河
236
238
240
55. いわき
190
191
192
56. 福島
69. 宇都宮
242
244
245
57. 日立
196
197
198
87. 草加・古河・小山
第2巻
072
073
074
58. 銚子
199
200
201

東北 大図索引図

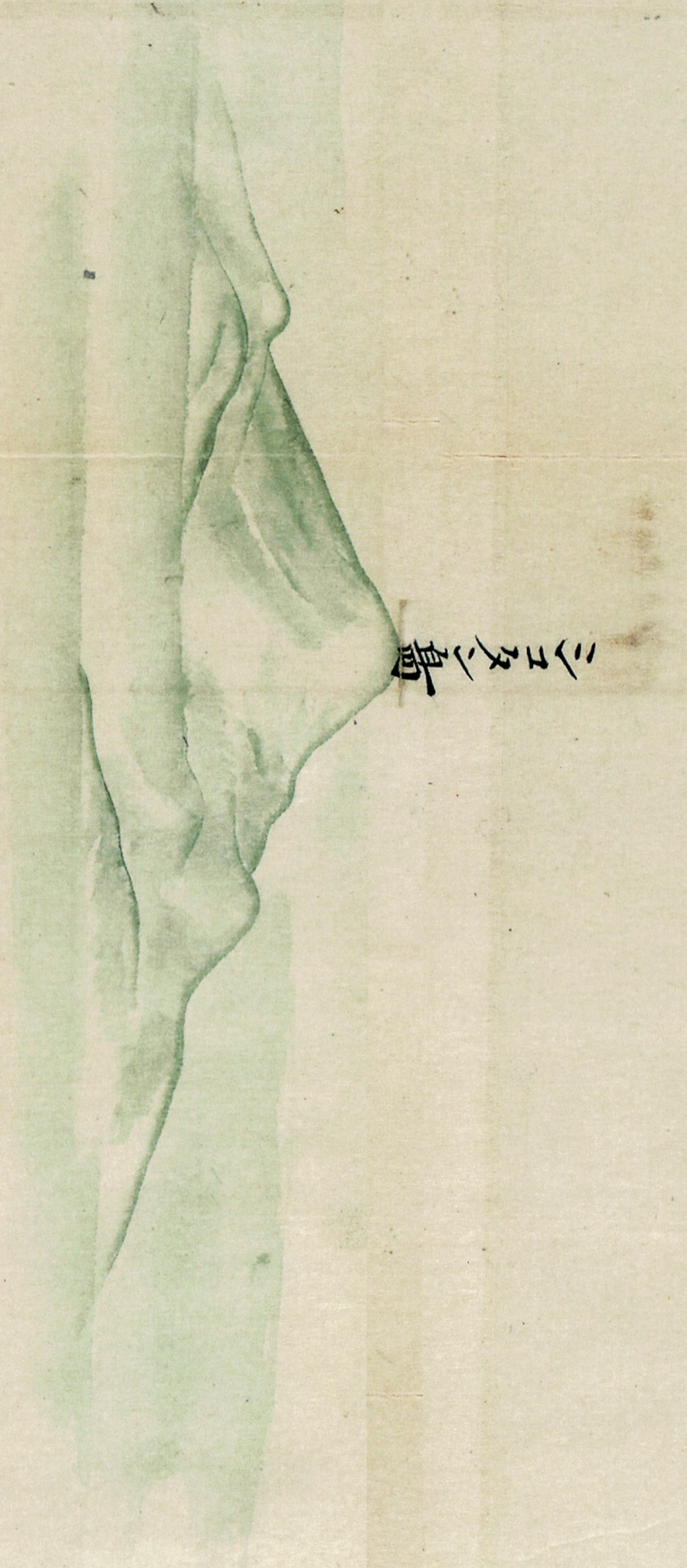
シコタン島

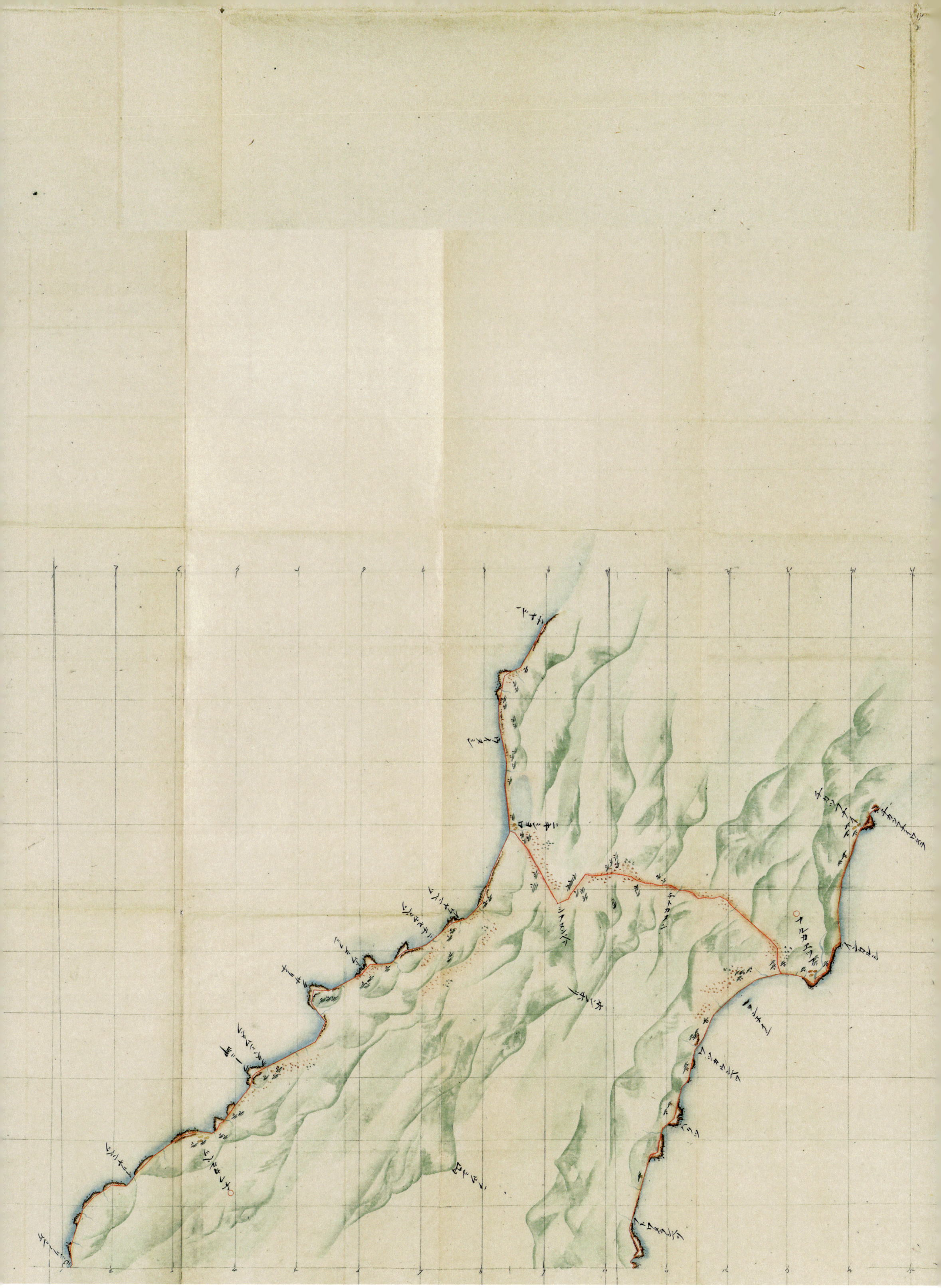

013　**第2号**　**国後島北部**

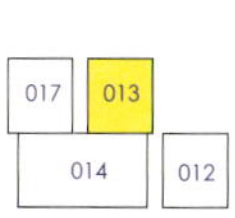

チヤシコツ
チヤシコツ岬

第3号　国後島南部（1）

第3号　国後島南部（2）

第4号　羅臼

026 017 013
018 014

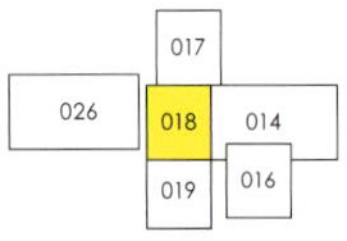
017
026
018
014
019
016

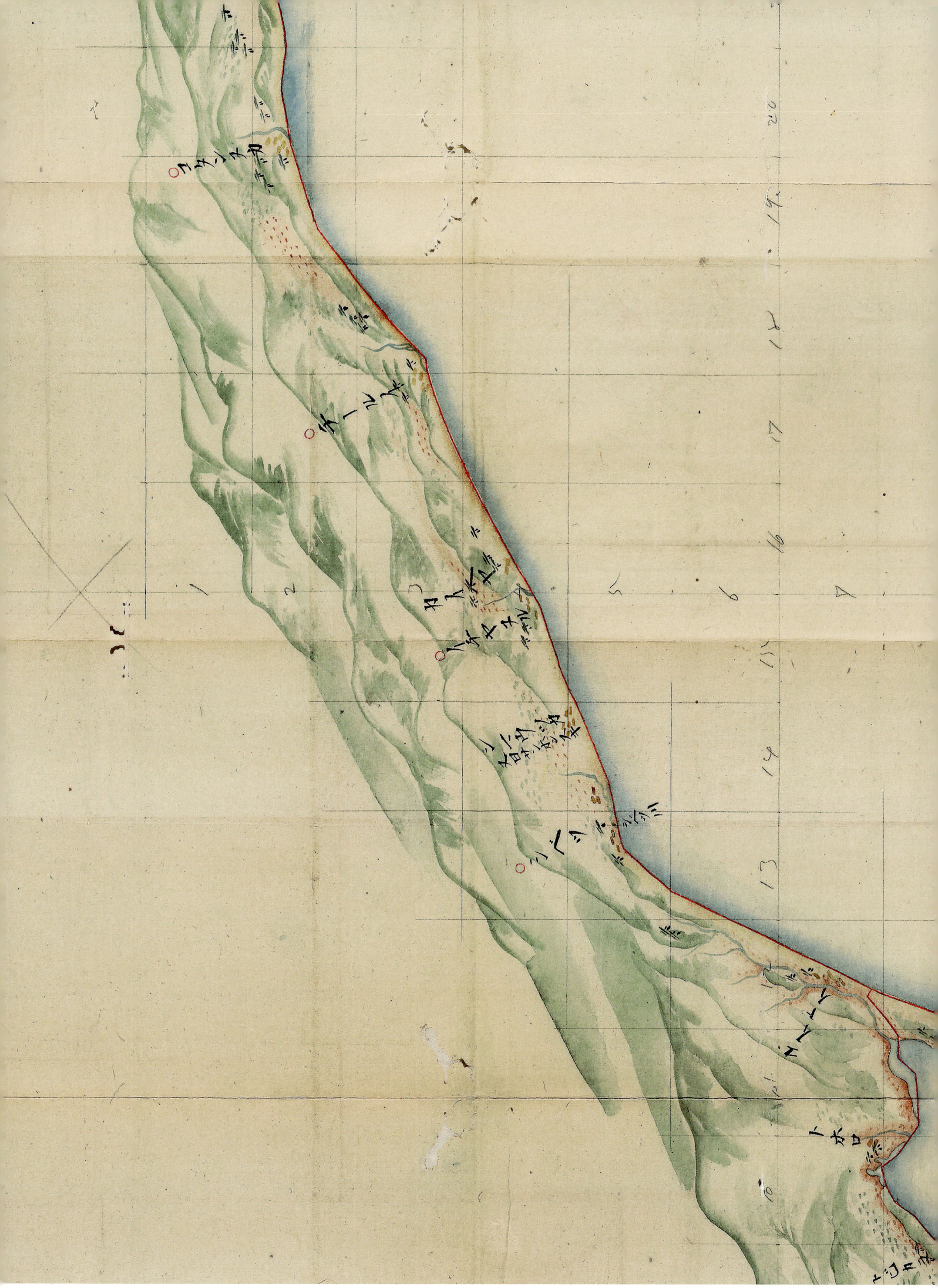

019　第5号　標津（2）

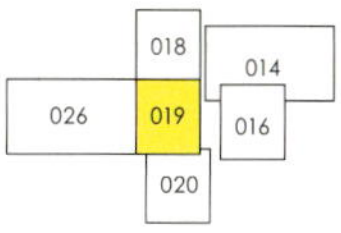

セツフタ

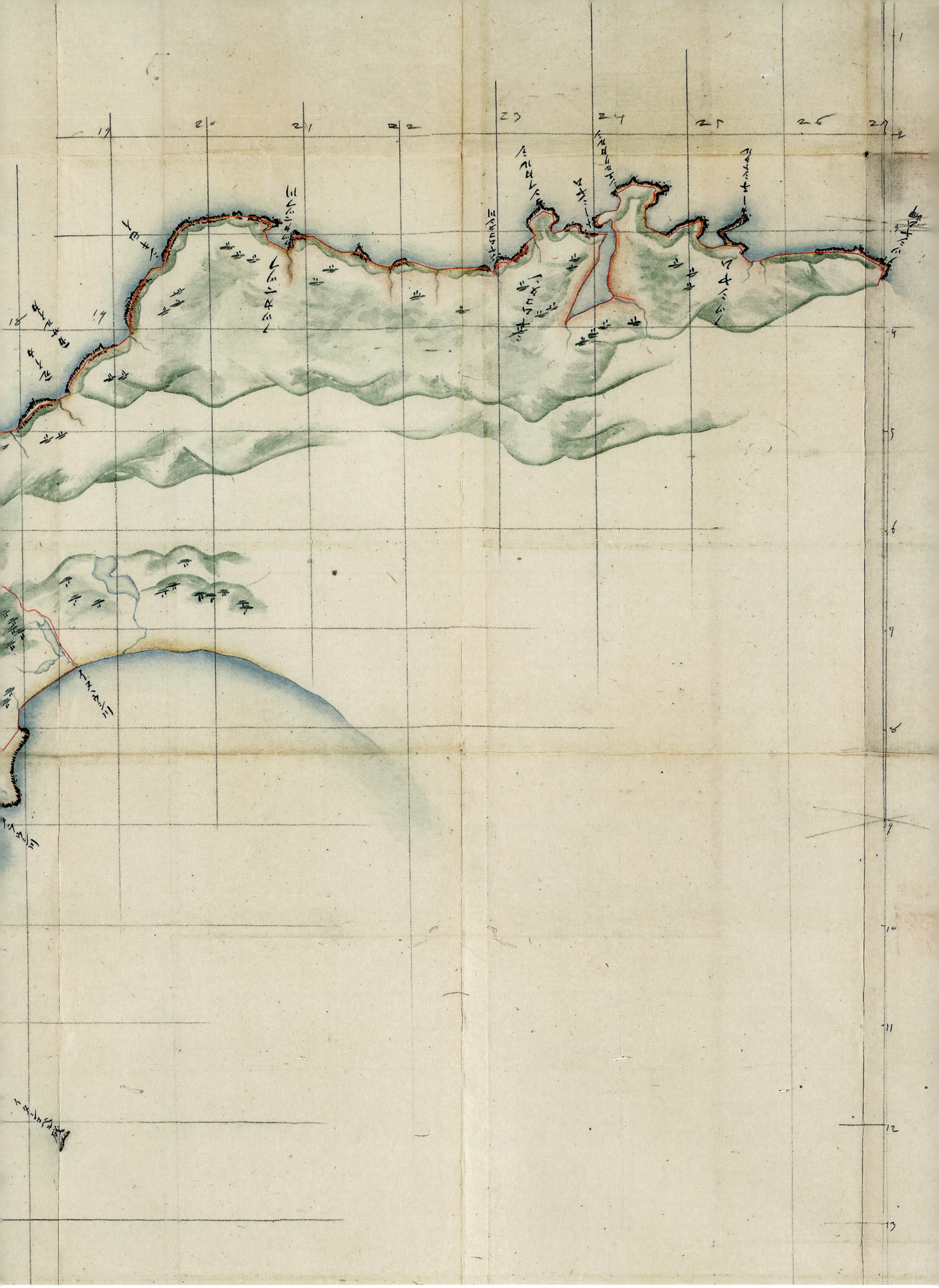

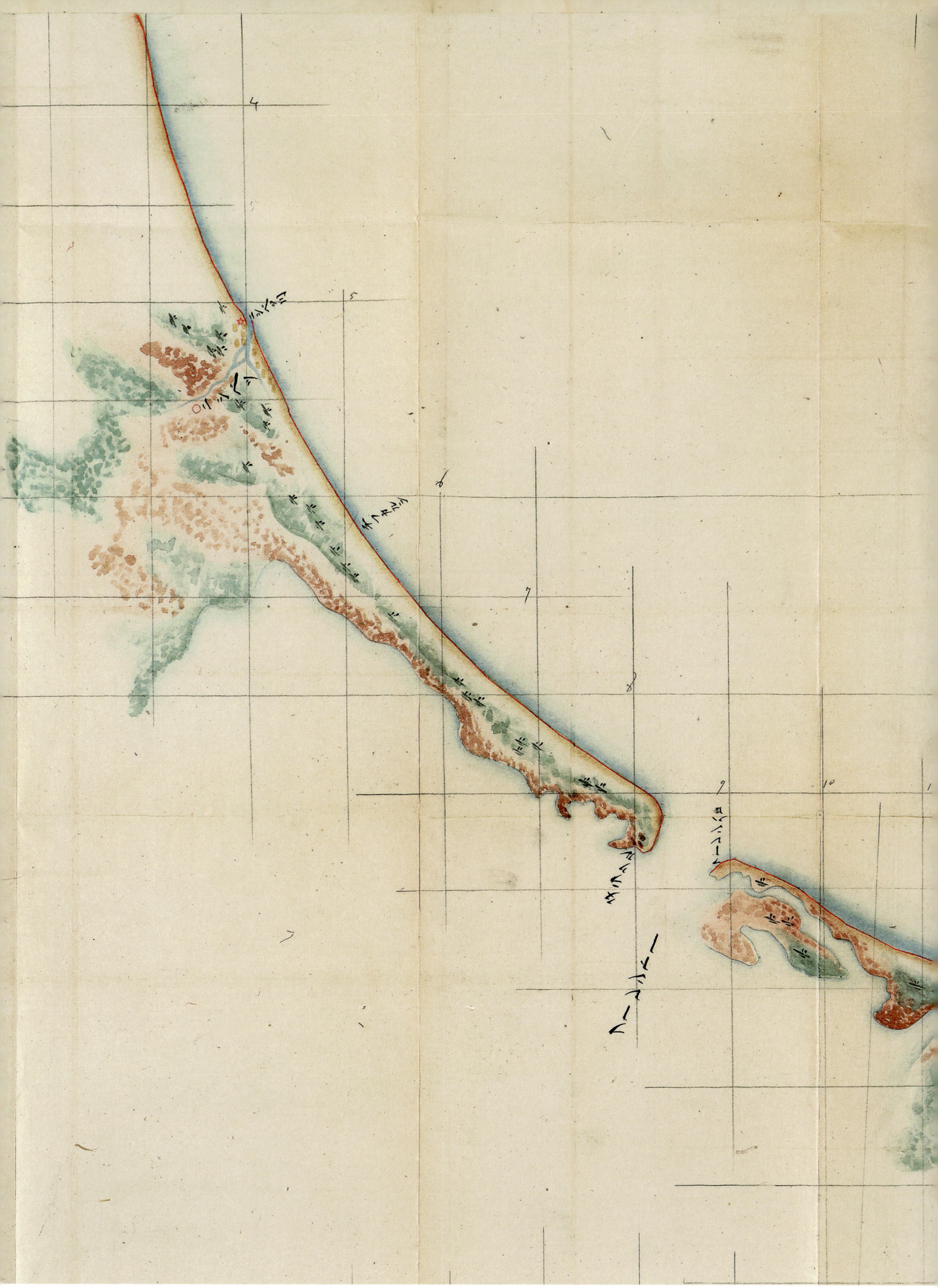

第6号　根室（2）

022 021
070 024

ハイタウシ
ハイタウシ岬
チカリイシヨ岬

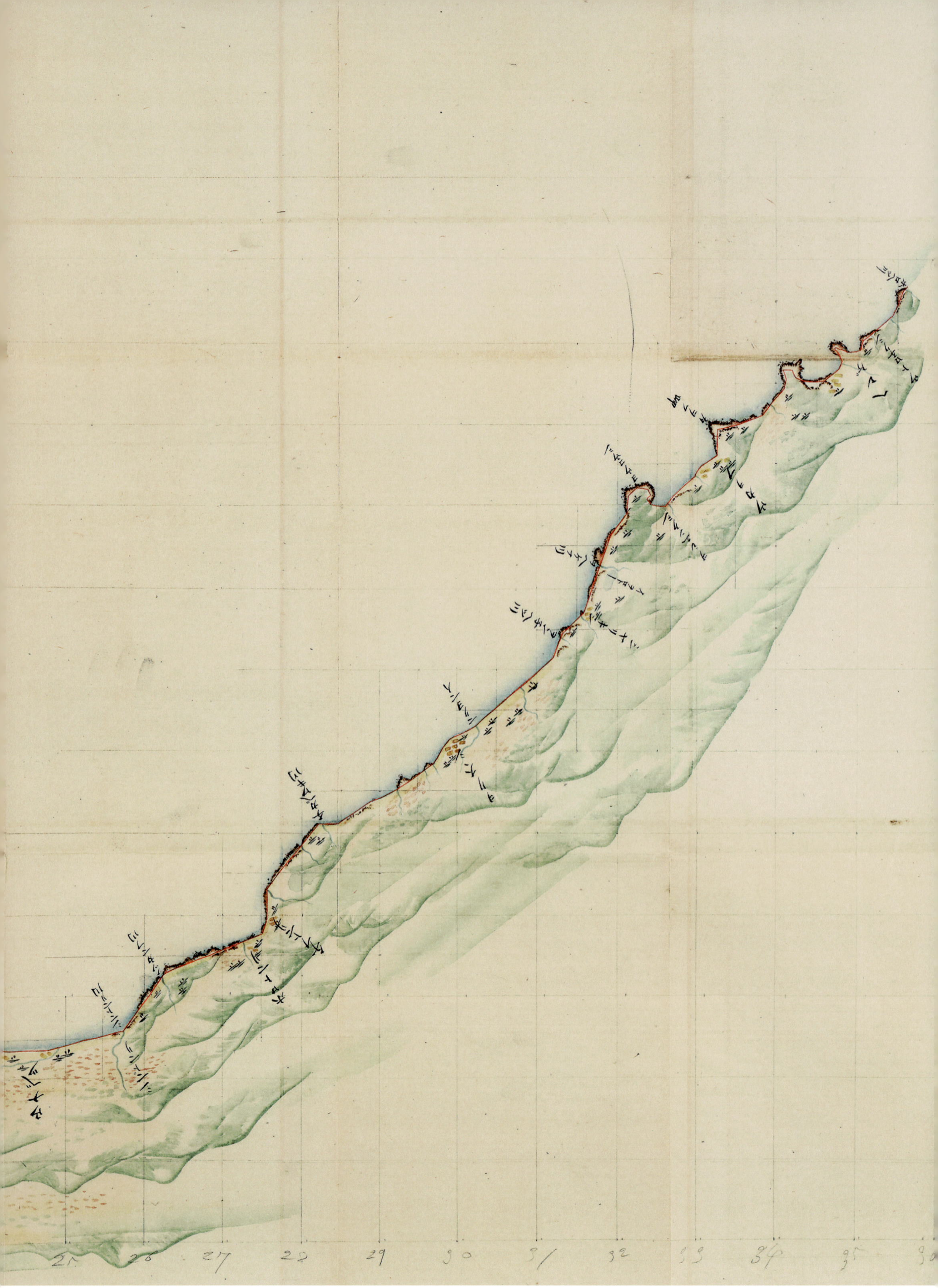

027　**第7号　網走（1）**

第7号　網走（2）

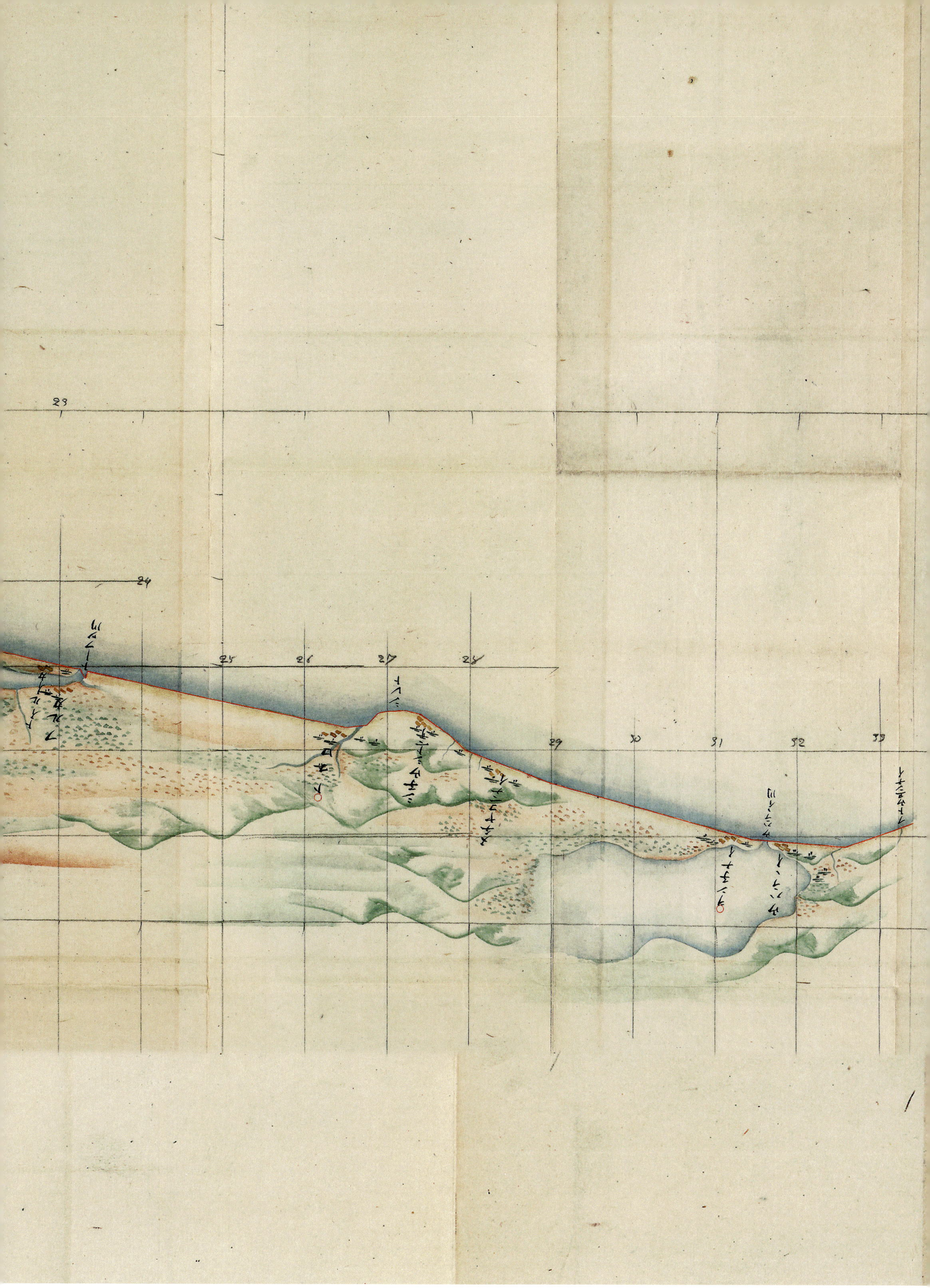

第8号　常呂（1）

030 029 028

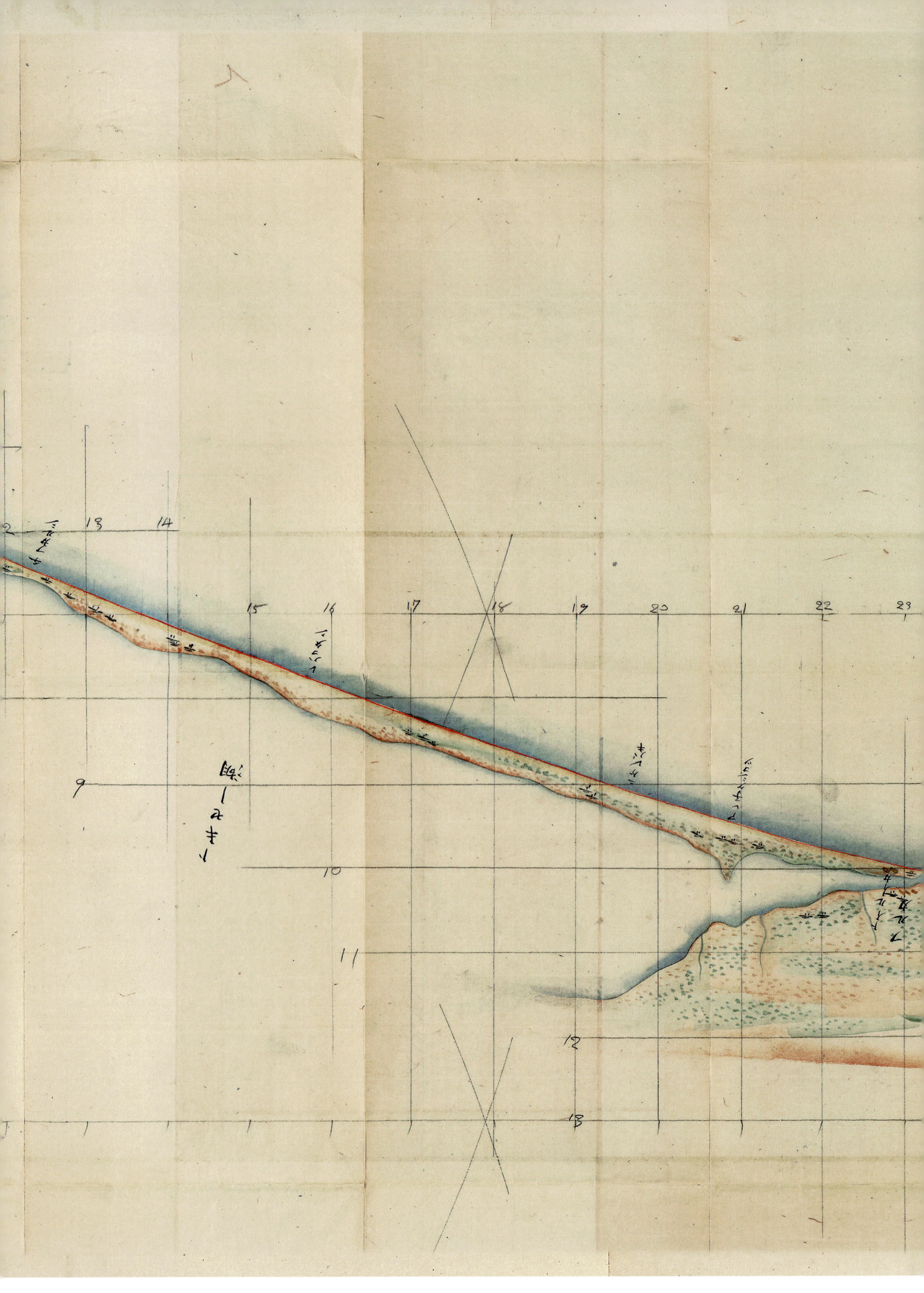
13
14
15
16
17
18
19
20
21
22
23
9
10
11
12
13

第8号　常呂（2）

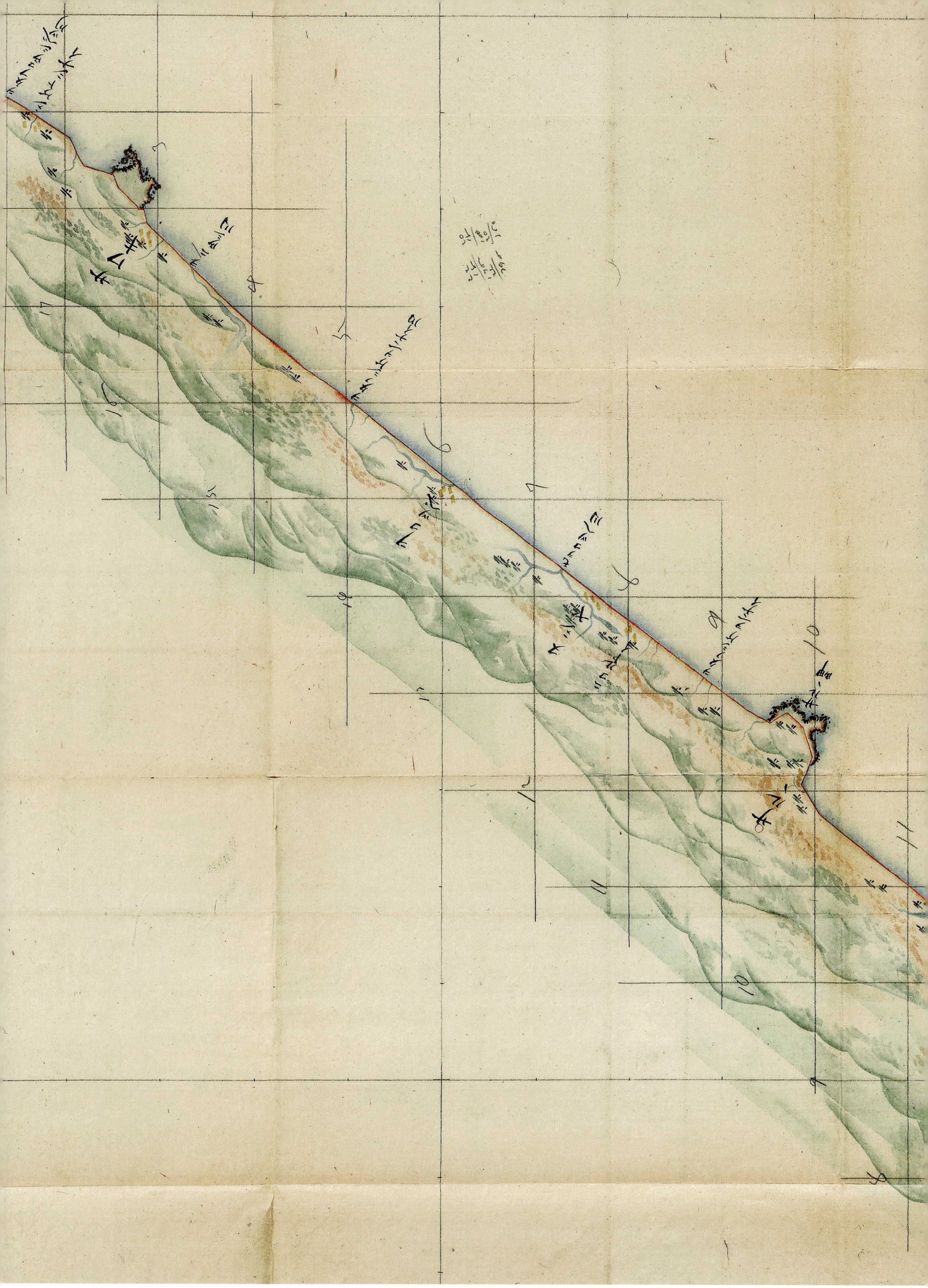

第9号　紋別（2）

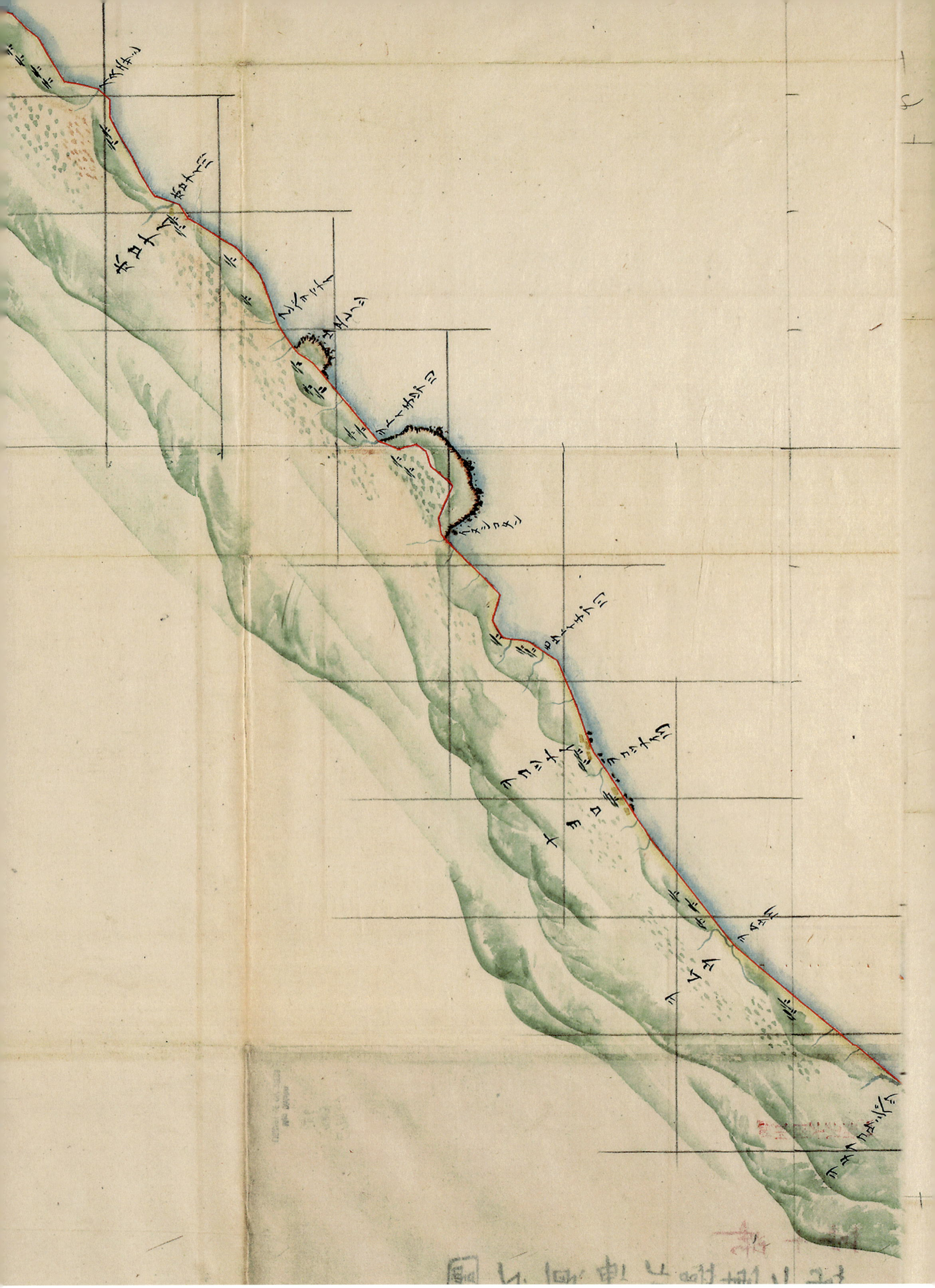

035
034
033

第10号　枝幸（1）

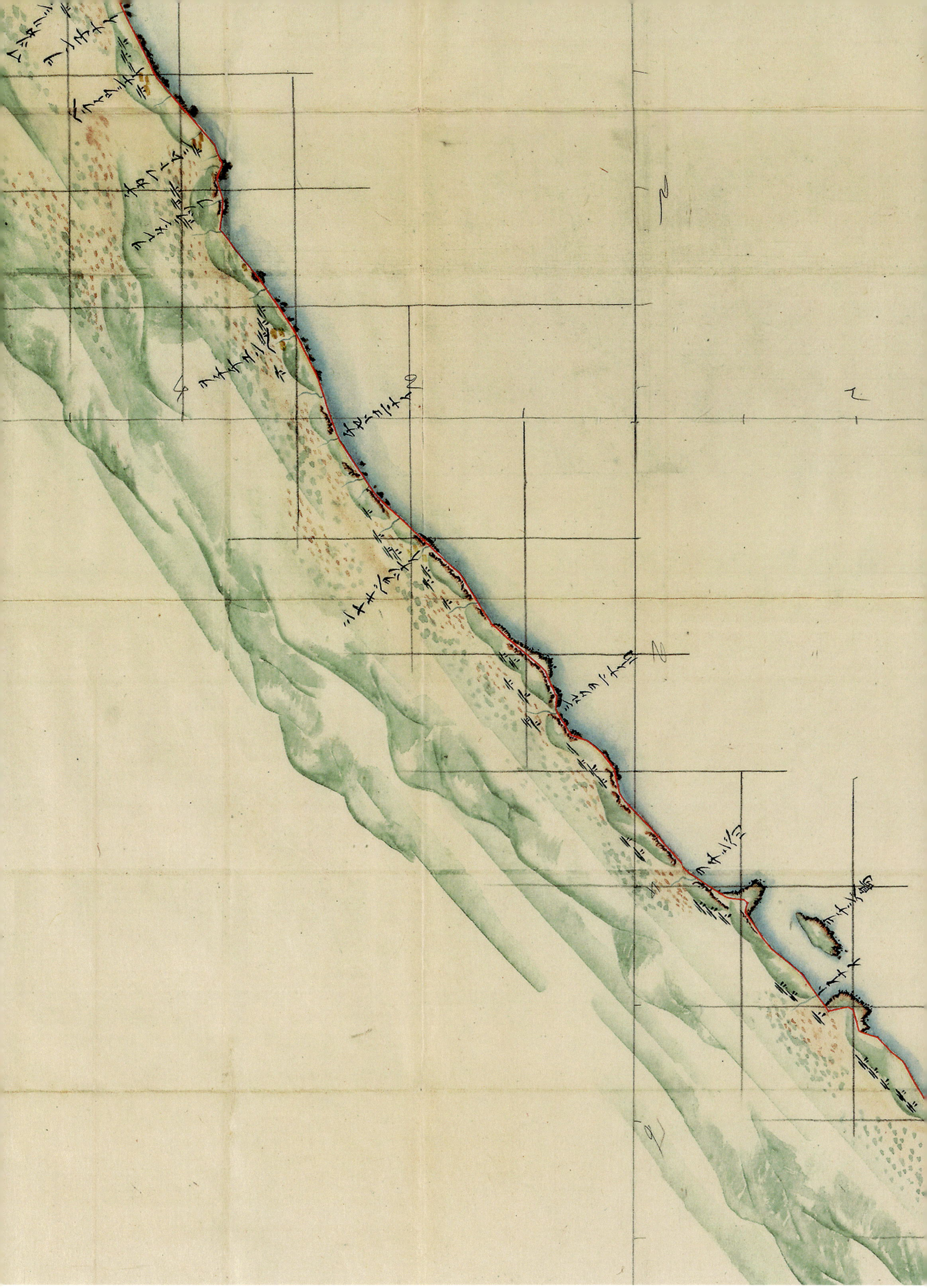

035　第10号　枝幸（2）

036
035
034

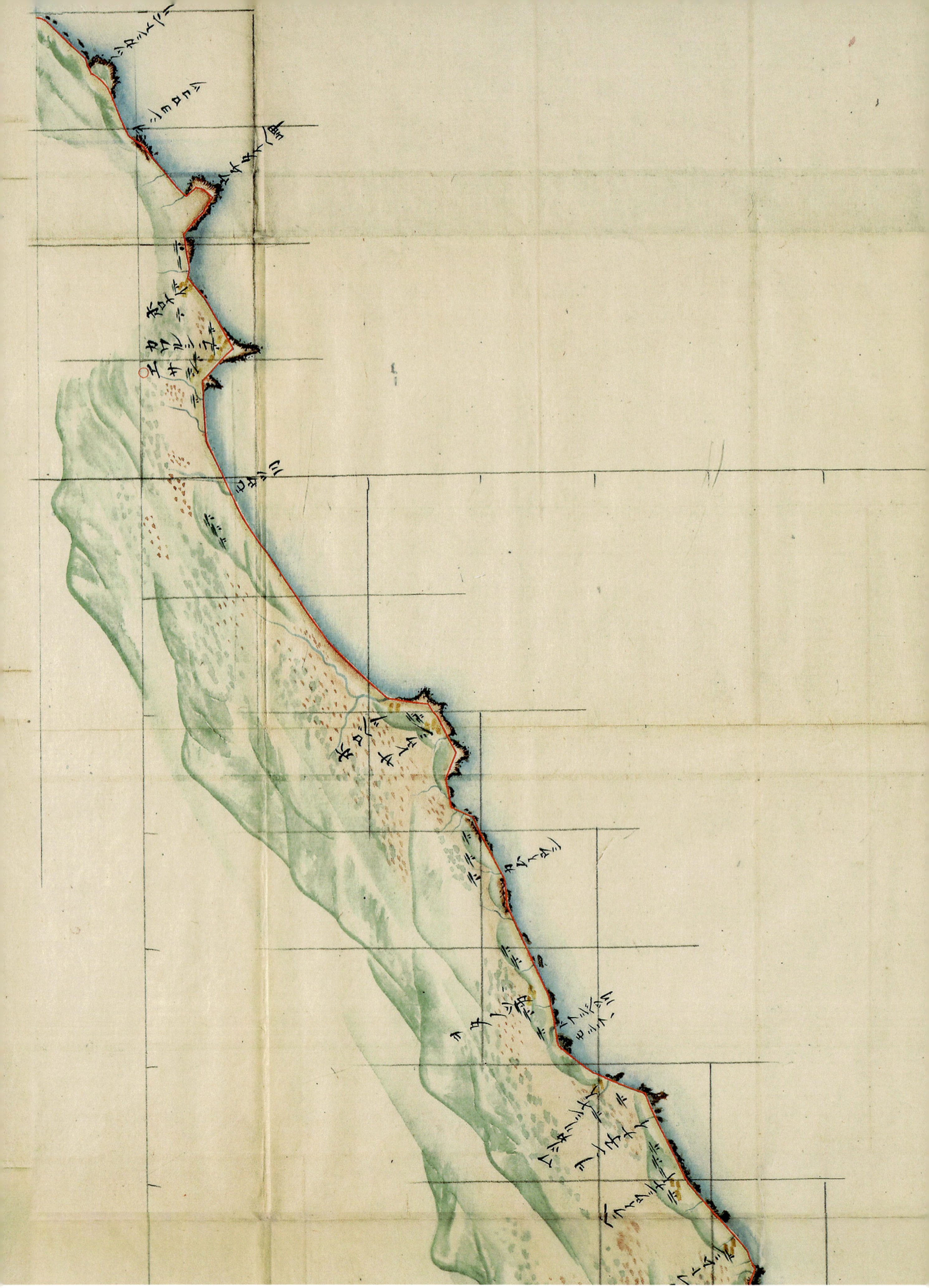

第11号　頓別（1）

039　第11号　頓別（3）

040
039
038

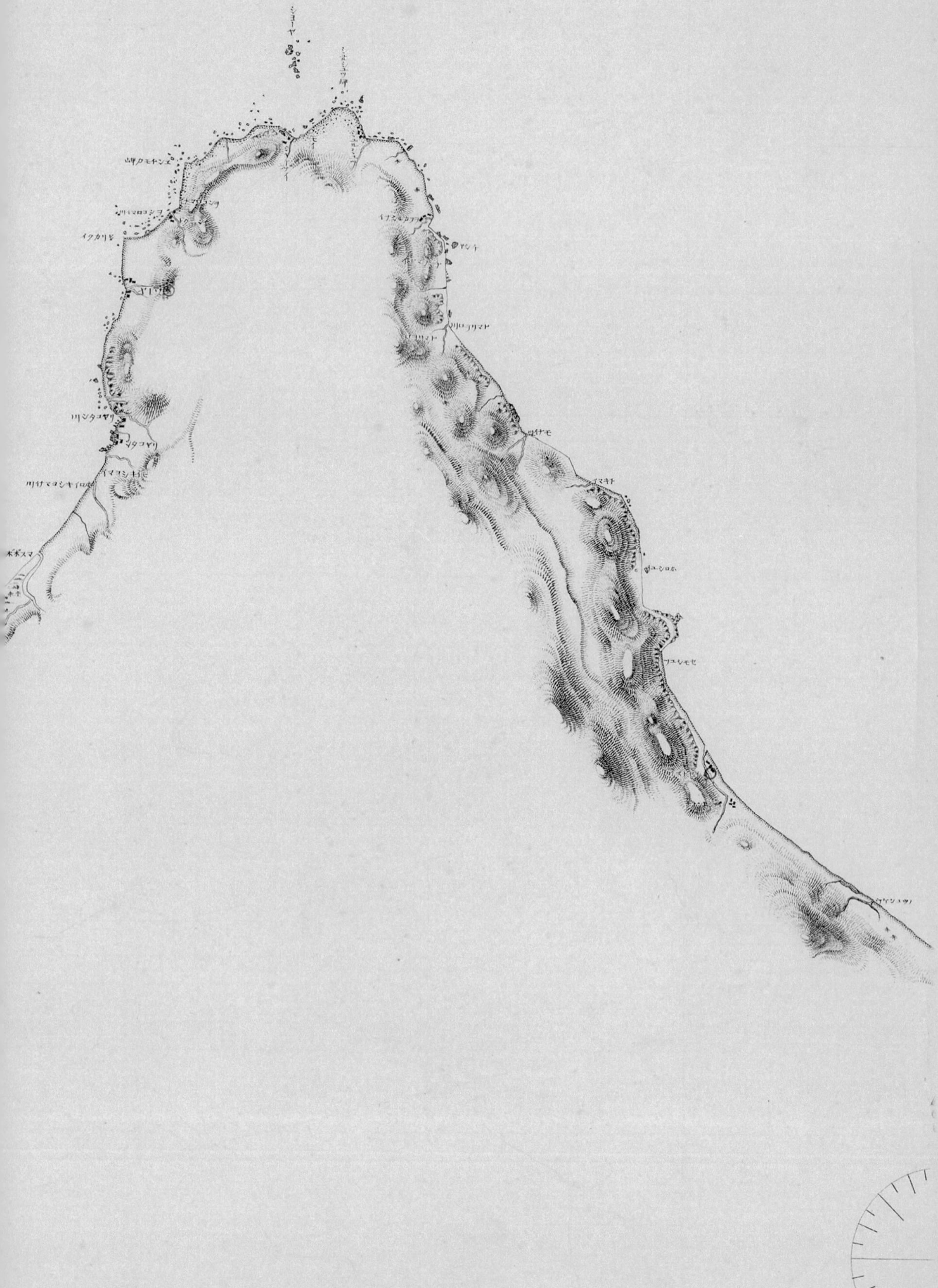

第12号　稚内

ホロコイトイ
モコイトイ

ヒコイト
テセウ
テセウ川
ノルカルー
キヒトタナイ
キヒトタンナイ川
ラフムイサシベツ川
ミウツ川
ホロサツヘ

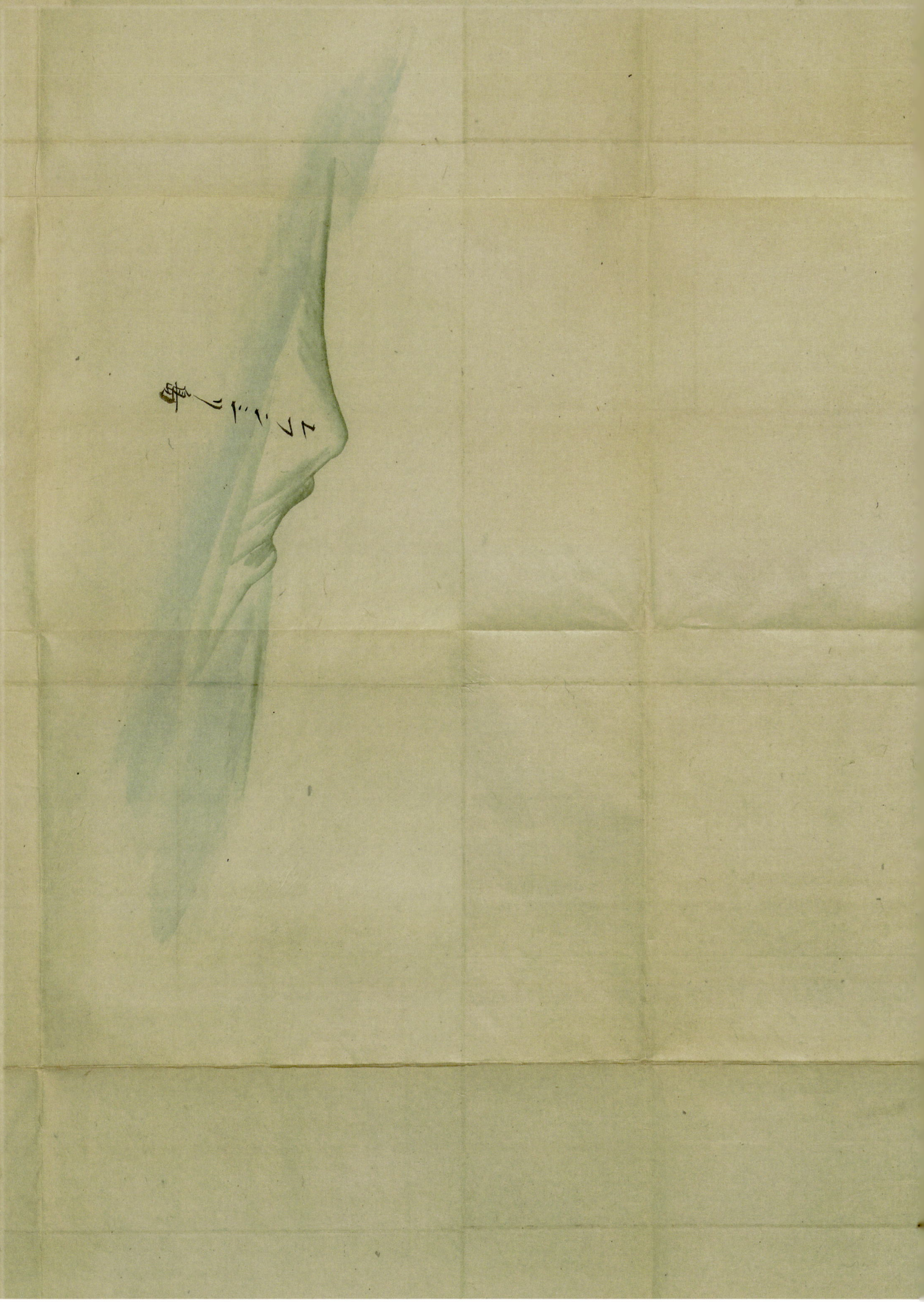
レフンシリ島

リーシリ島

第15号　天売・焼尻（1）

047 049 050

フーシナイ川
トイタシナイ川
ヤラヴヂナイ
ホロタフユウニ川
フイタシナイ
トコマナイ川
ヤラコツナイ川
ヤラカシナイ
ウフナイ
レツプ

第15号　天売・焼尻（2）

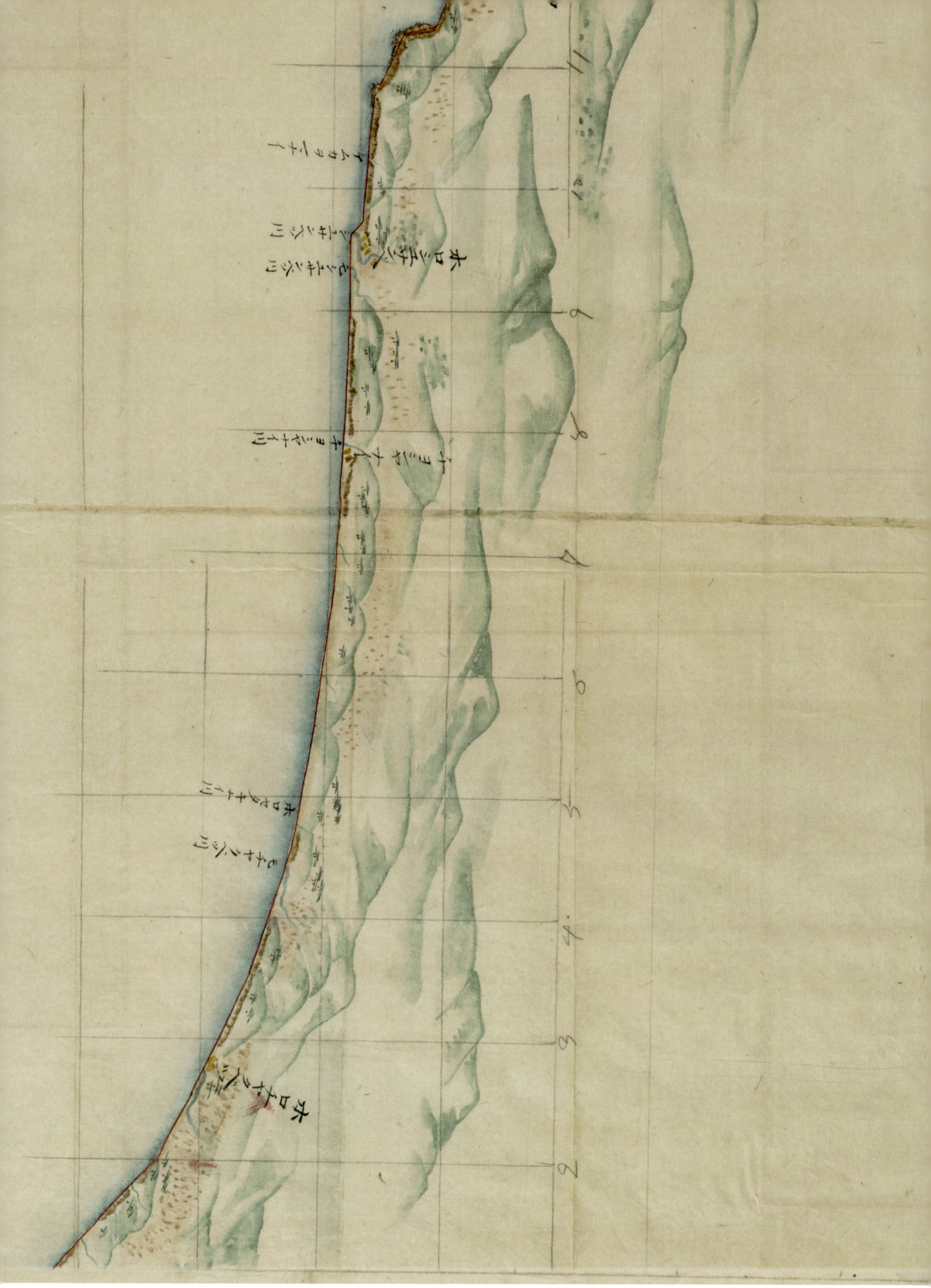

チヨミヤナイ
チヨミヤナイ川

第16号　留萌（1）

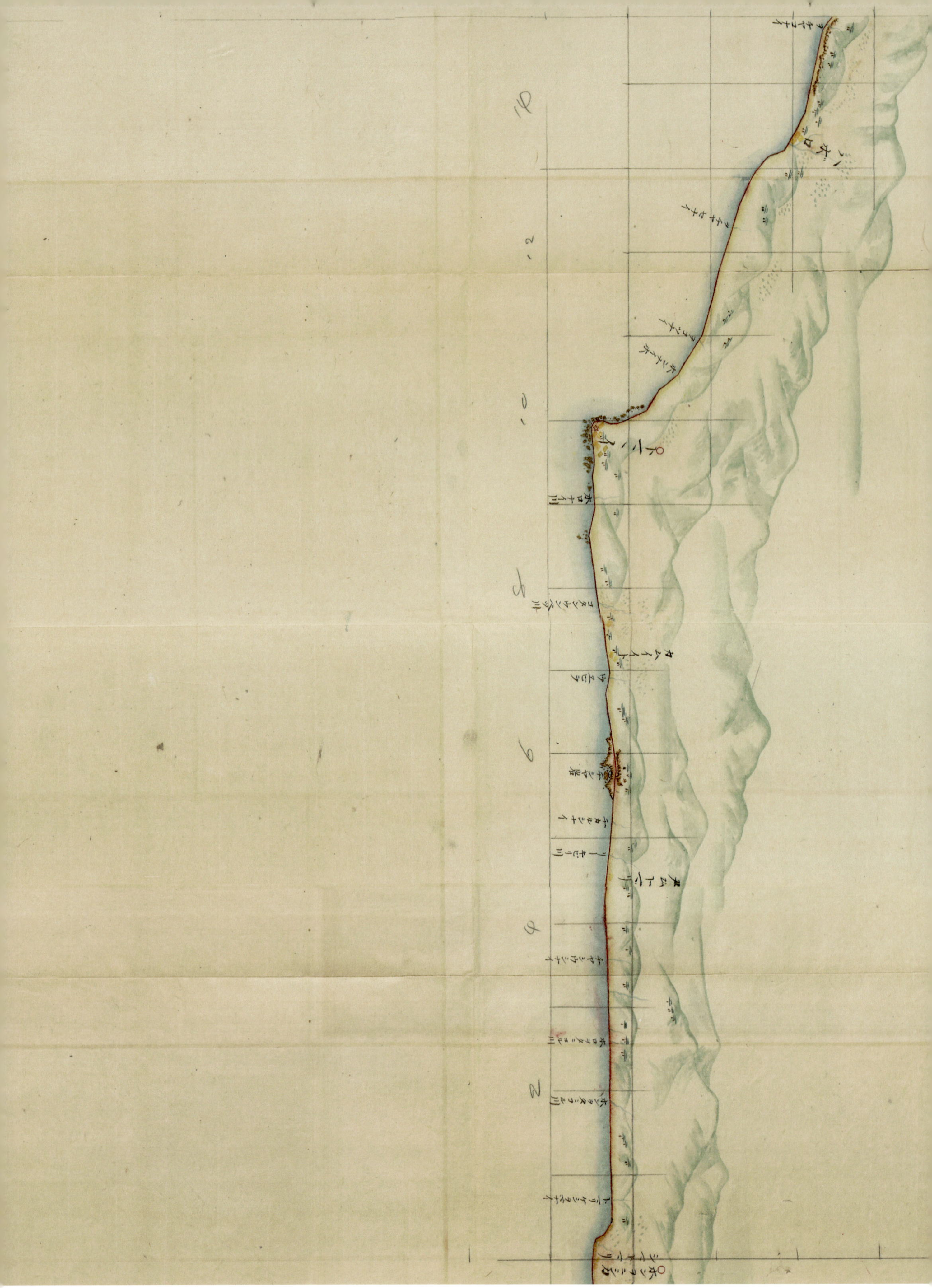

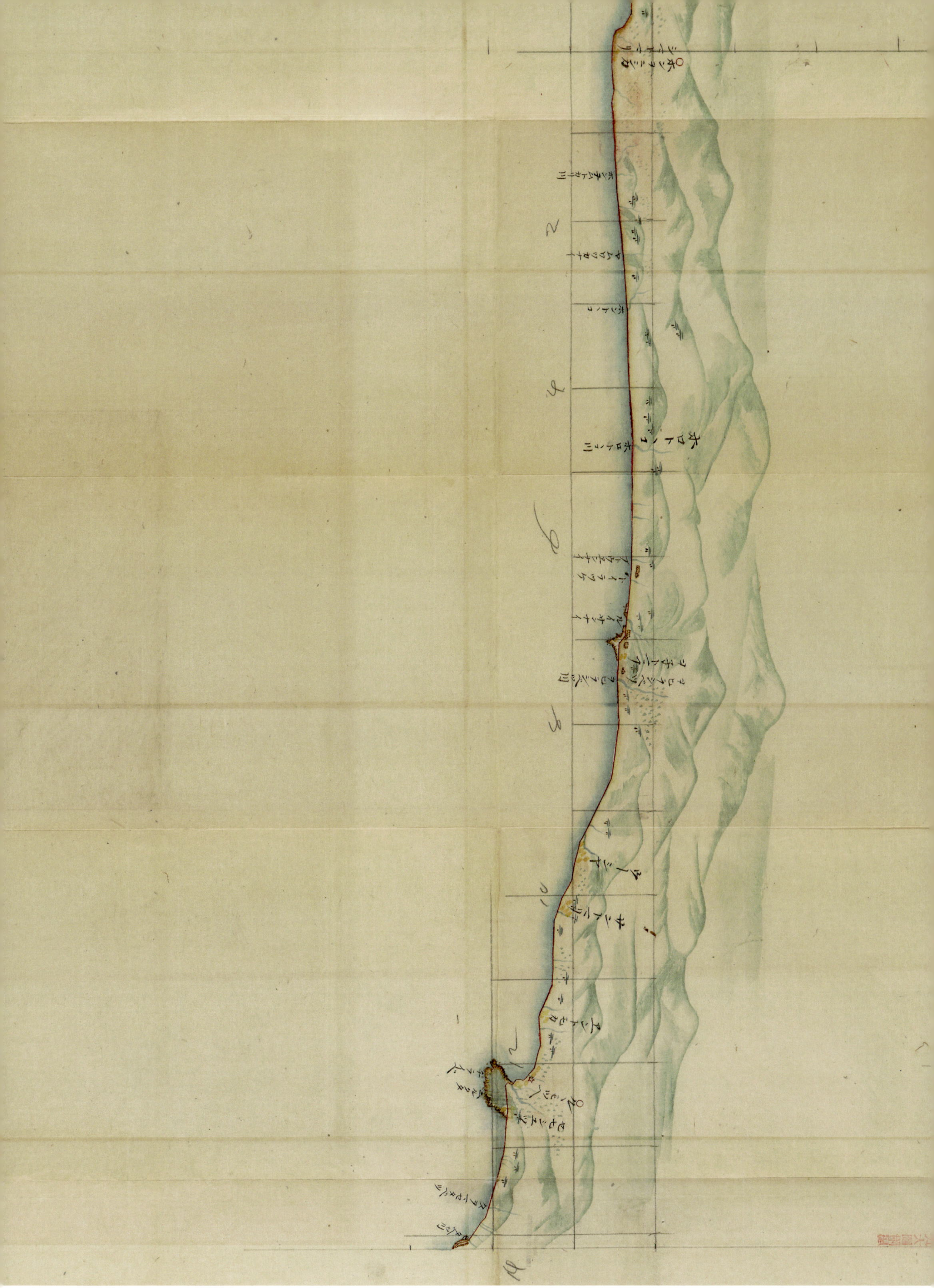

 第17号　増毛（1）

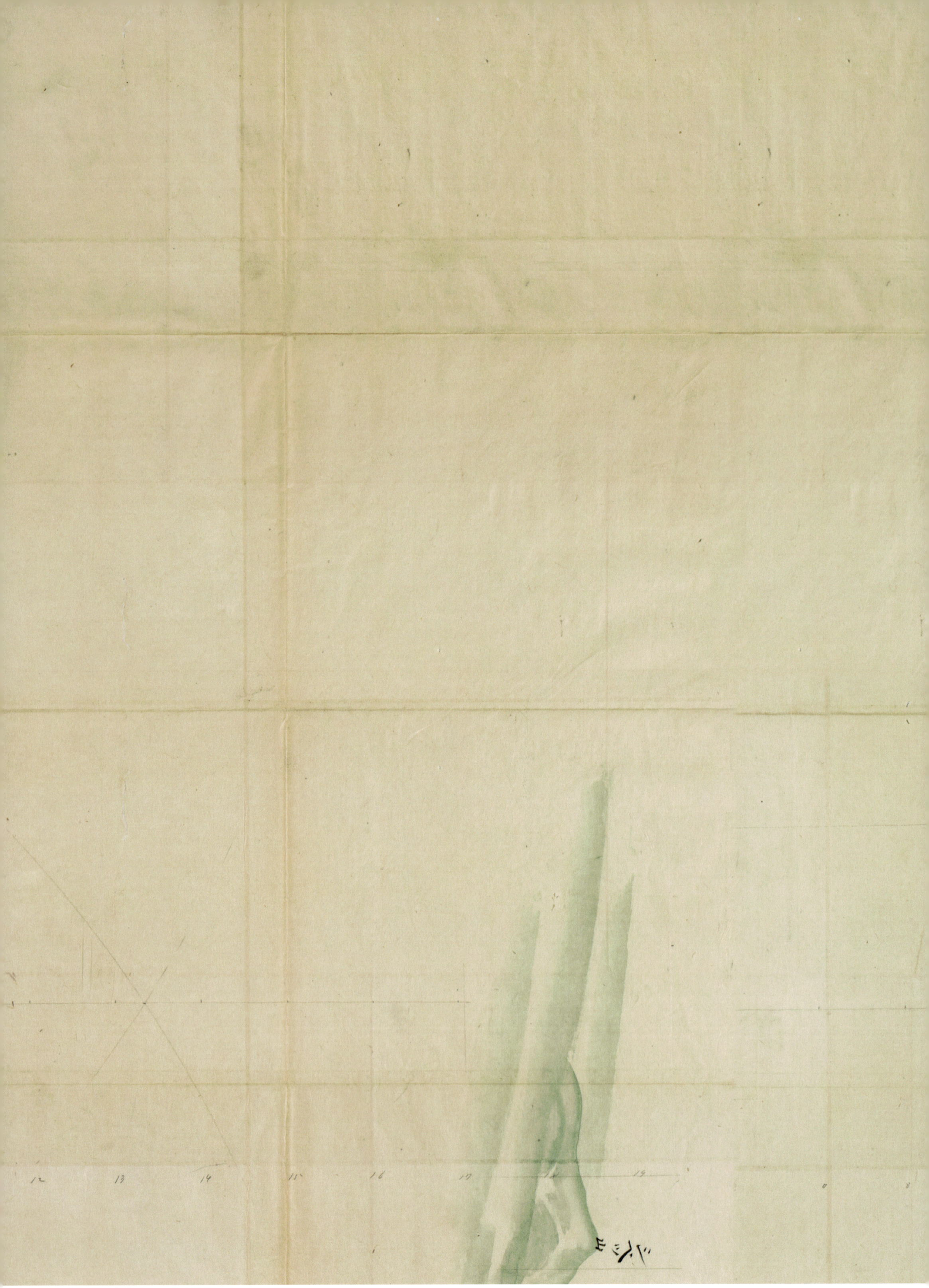

052
054
056

第17号　増毛（2）

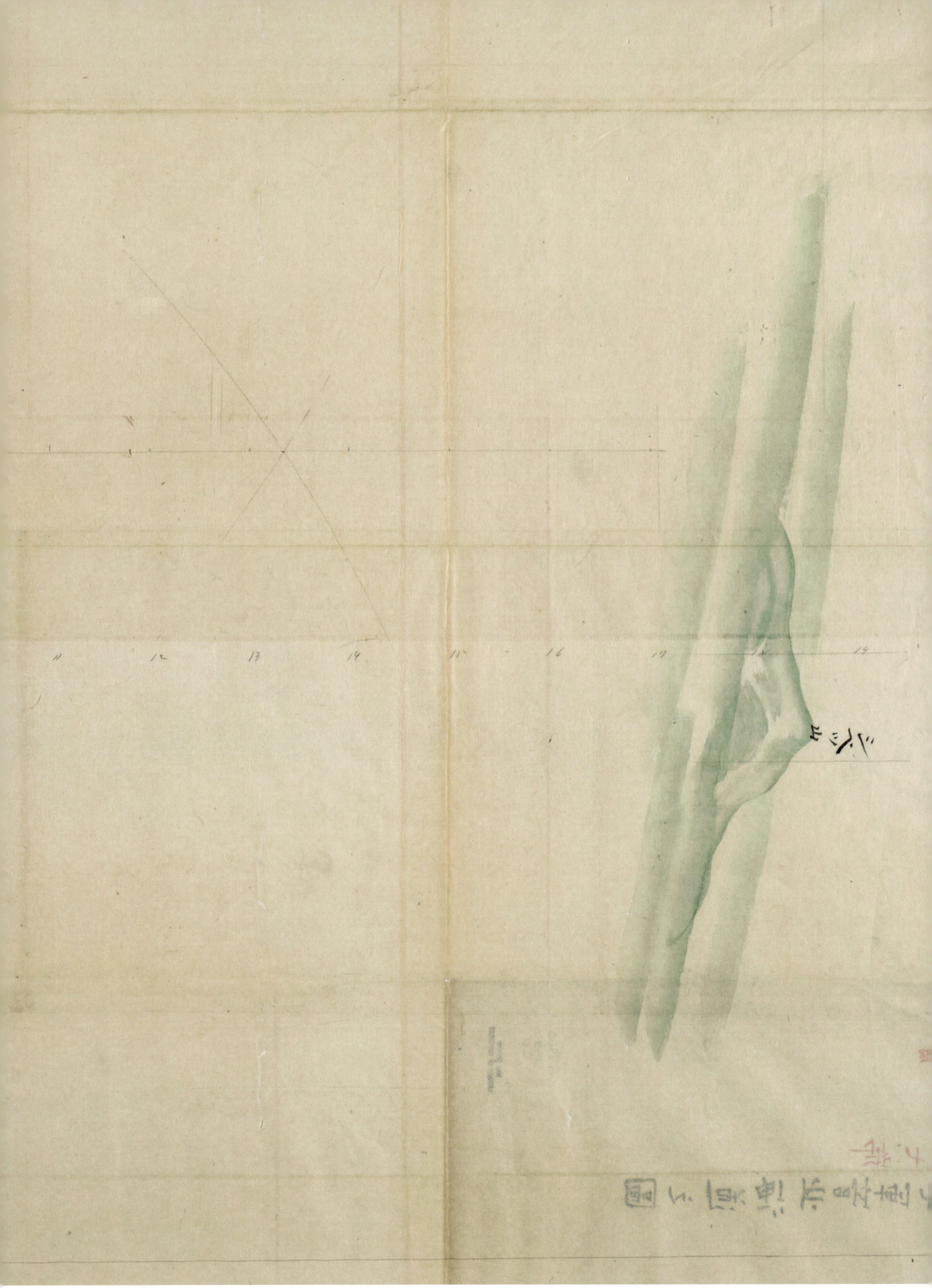

第17号　増毛（3）

第18号　石狩（2）

058
060 059 062
091

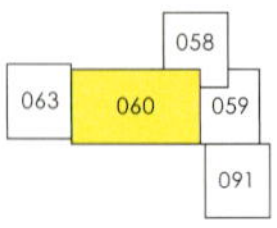
058
063
060
059
091

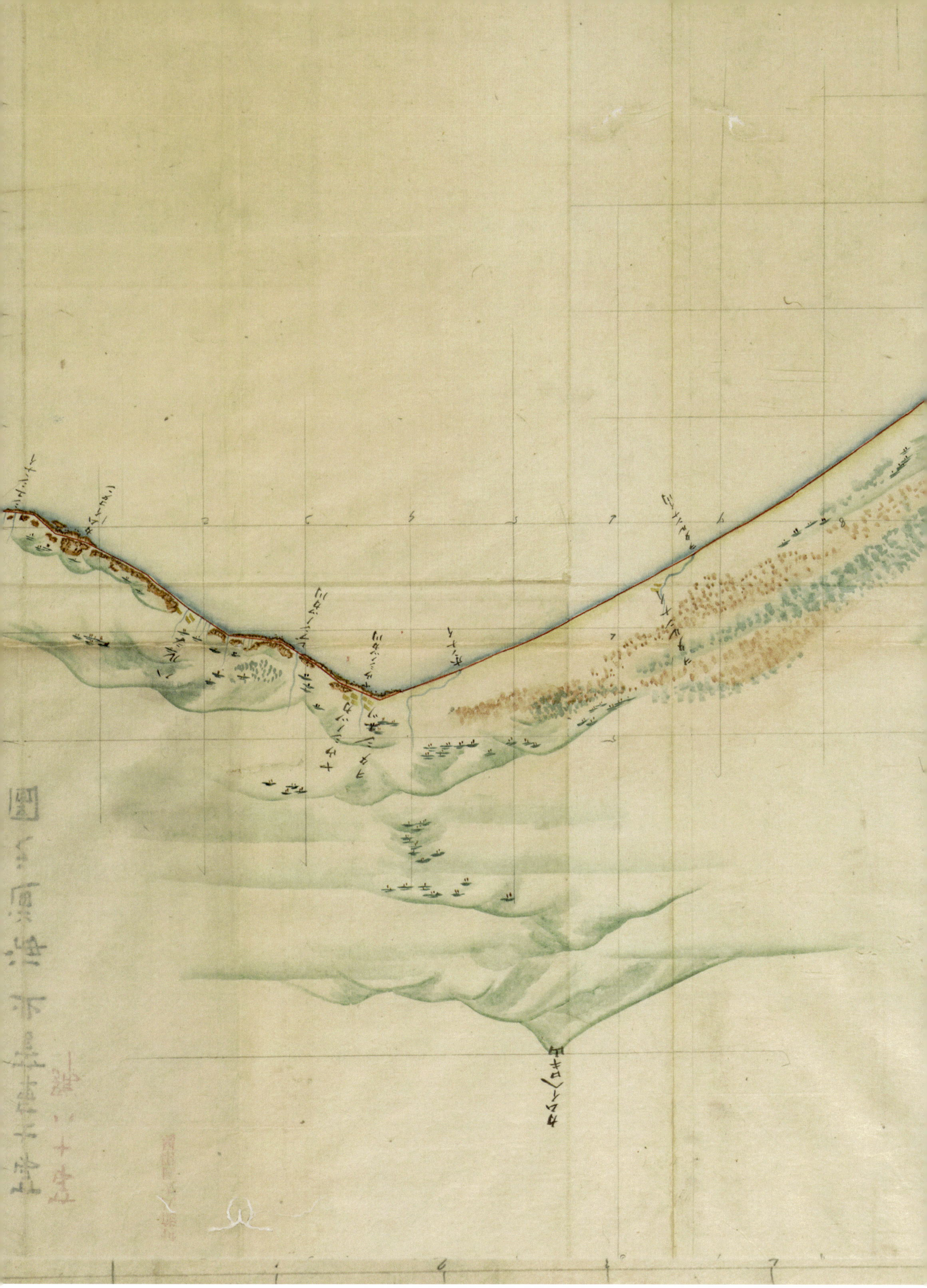

第18号　石狩（3）

第20号　積丹（1）

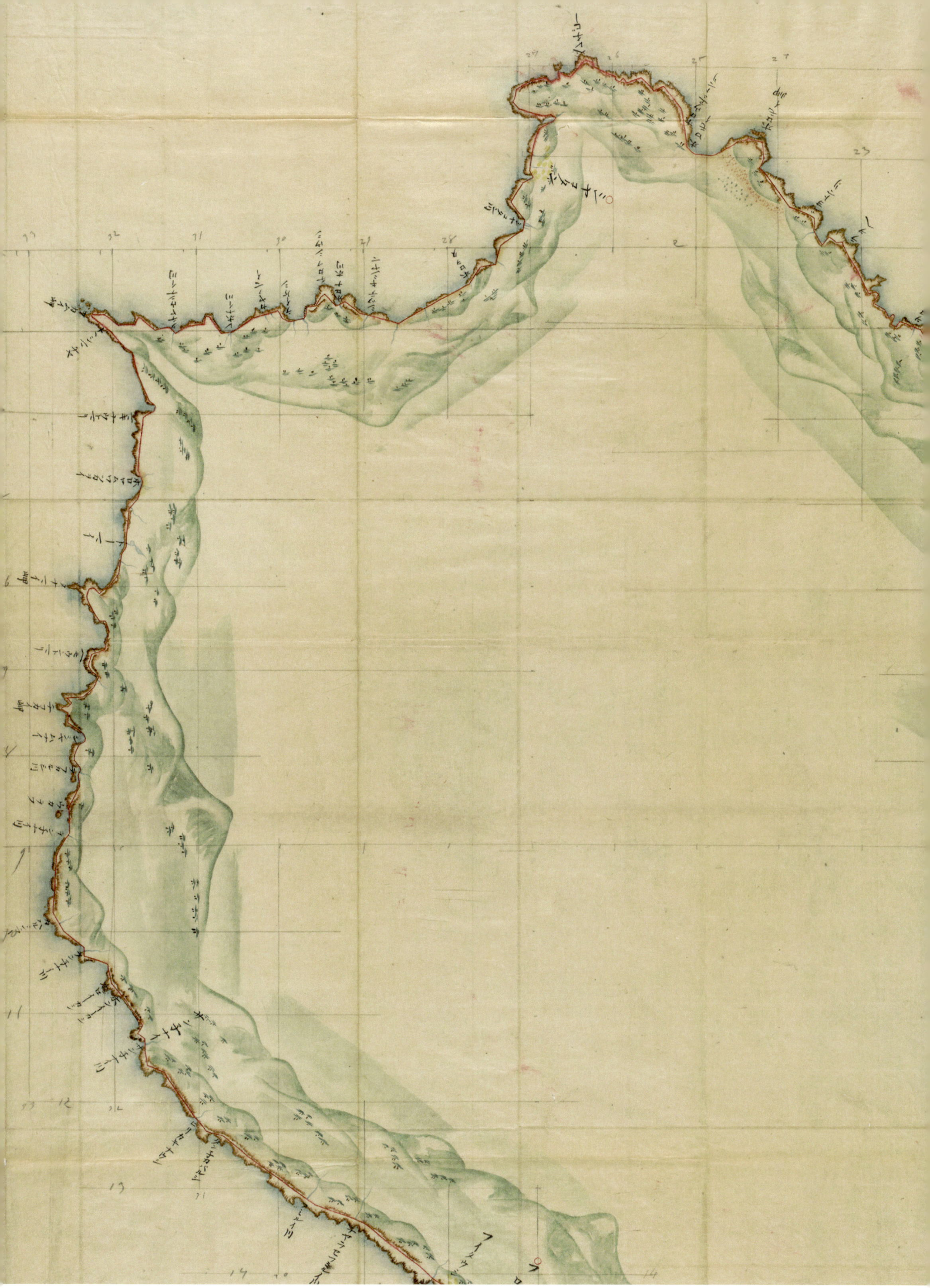

第20号　積丹（2）

064
066
067

第20号　積丹（3）

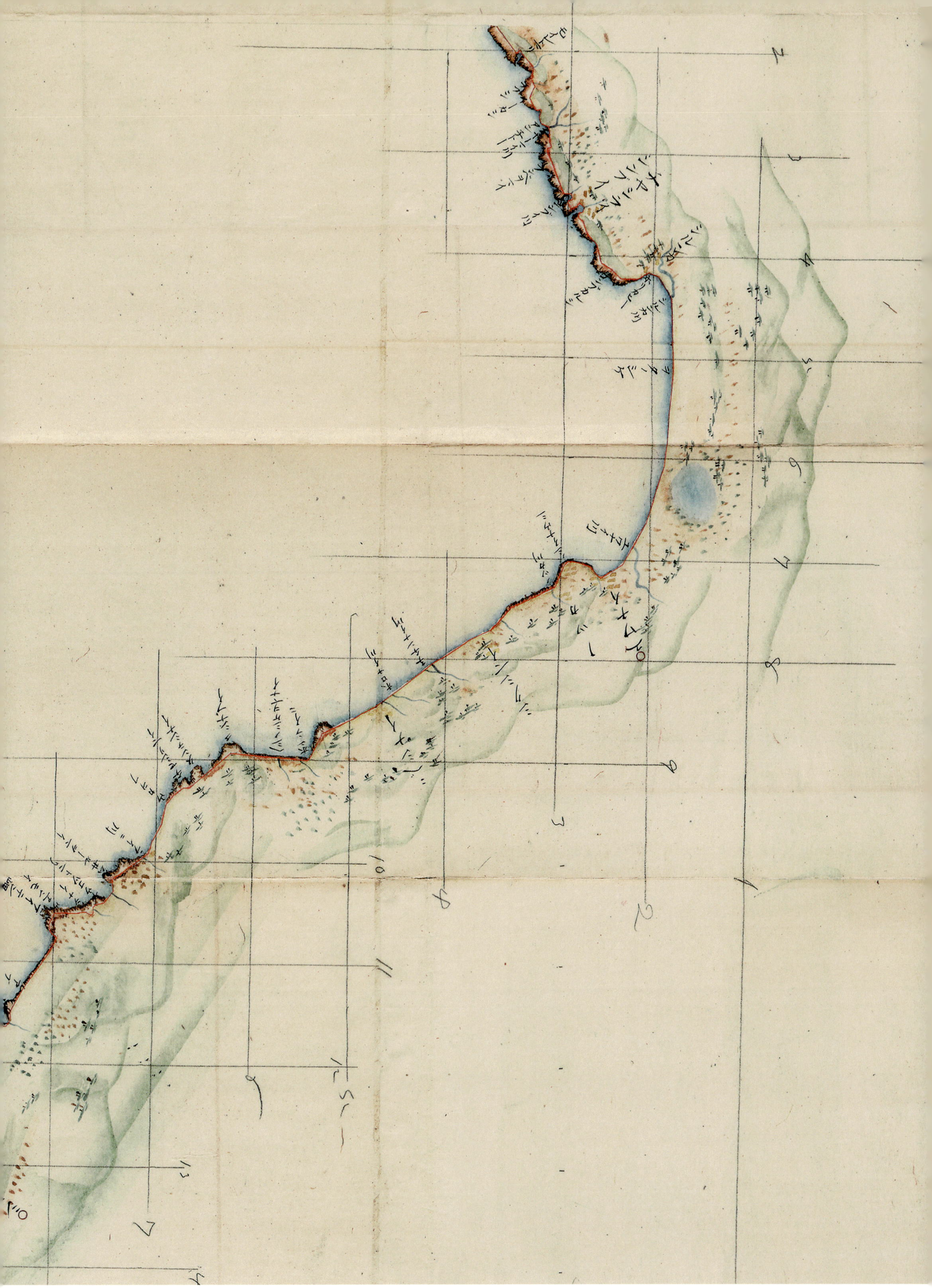

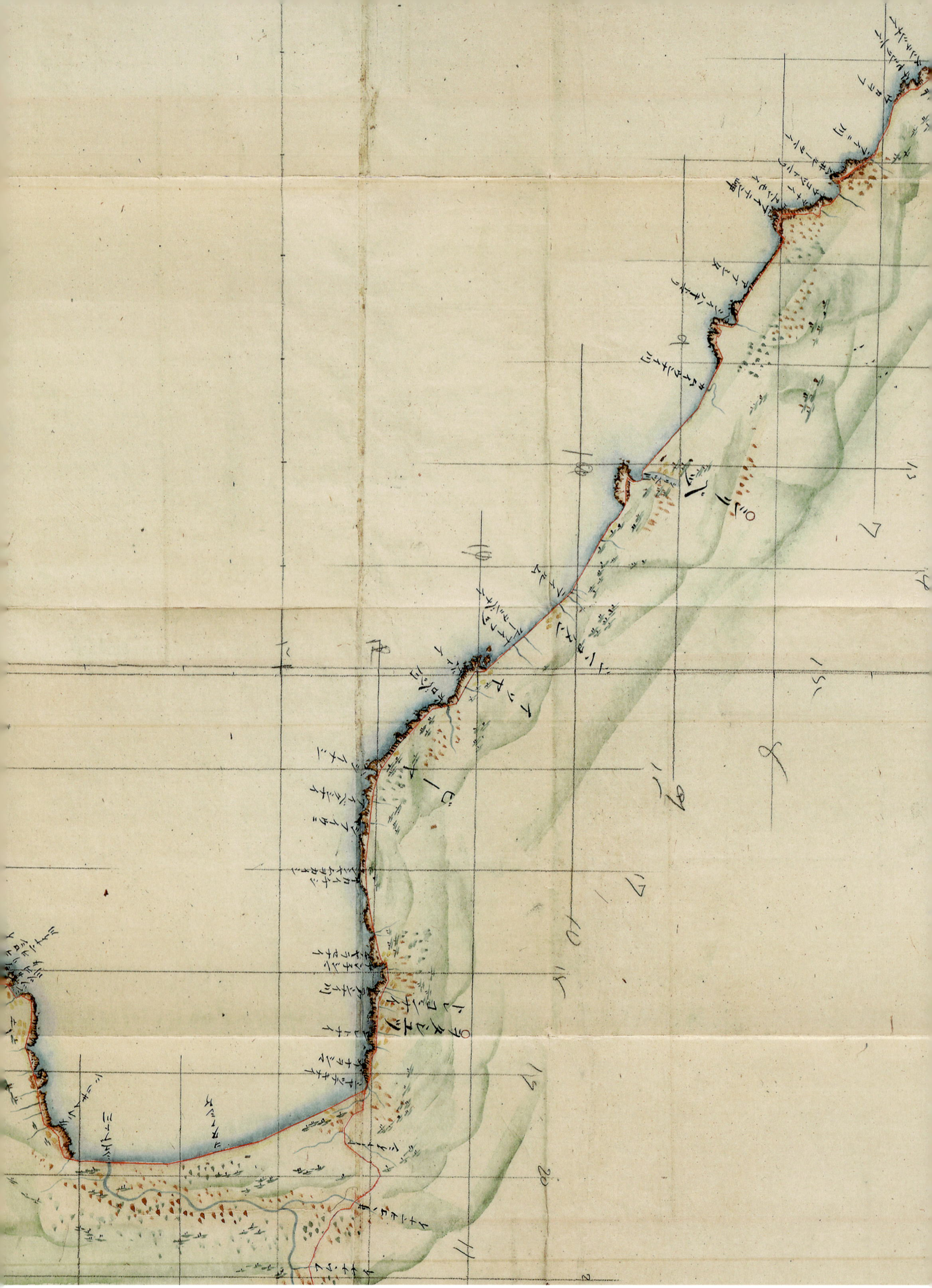

第21号　岩内（2）

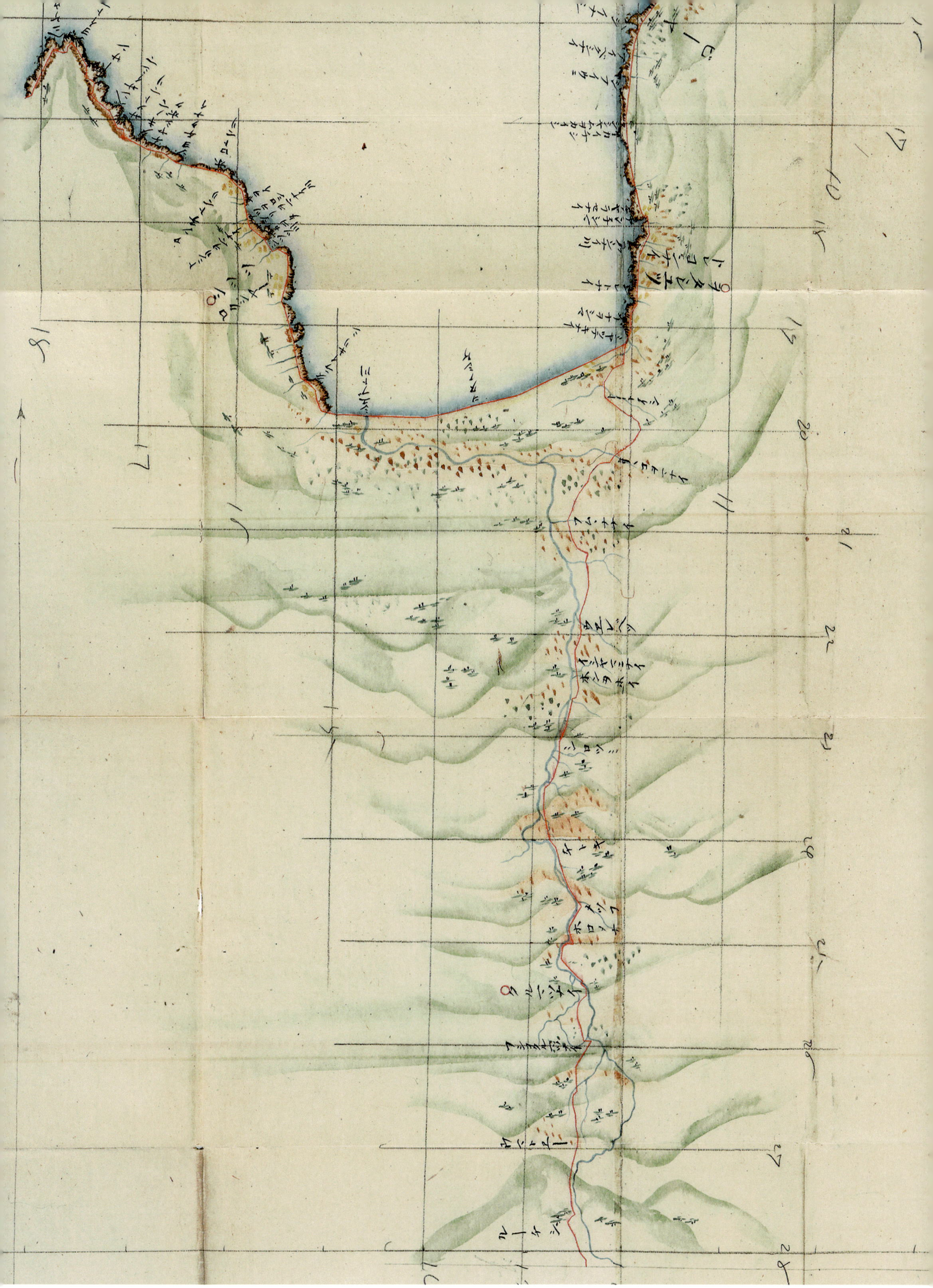

第21号　岩内（3）

068
112 069
102

二十二號
ホイナルヲイ
ホロトー
ホンホロトー
ラウ子コタン
キータツプ島
ケ子ホリ島
岩礁
ビーセシオ

第22号　厚岸（1）

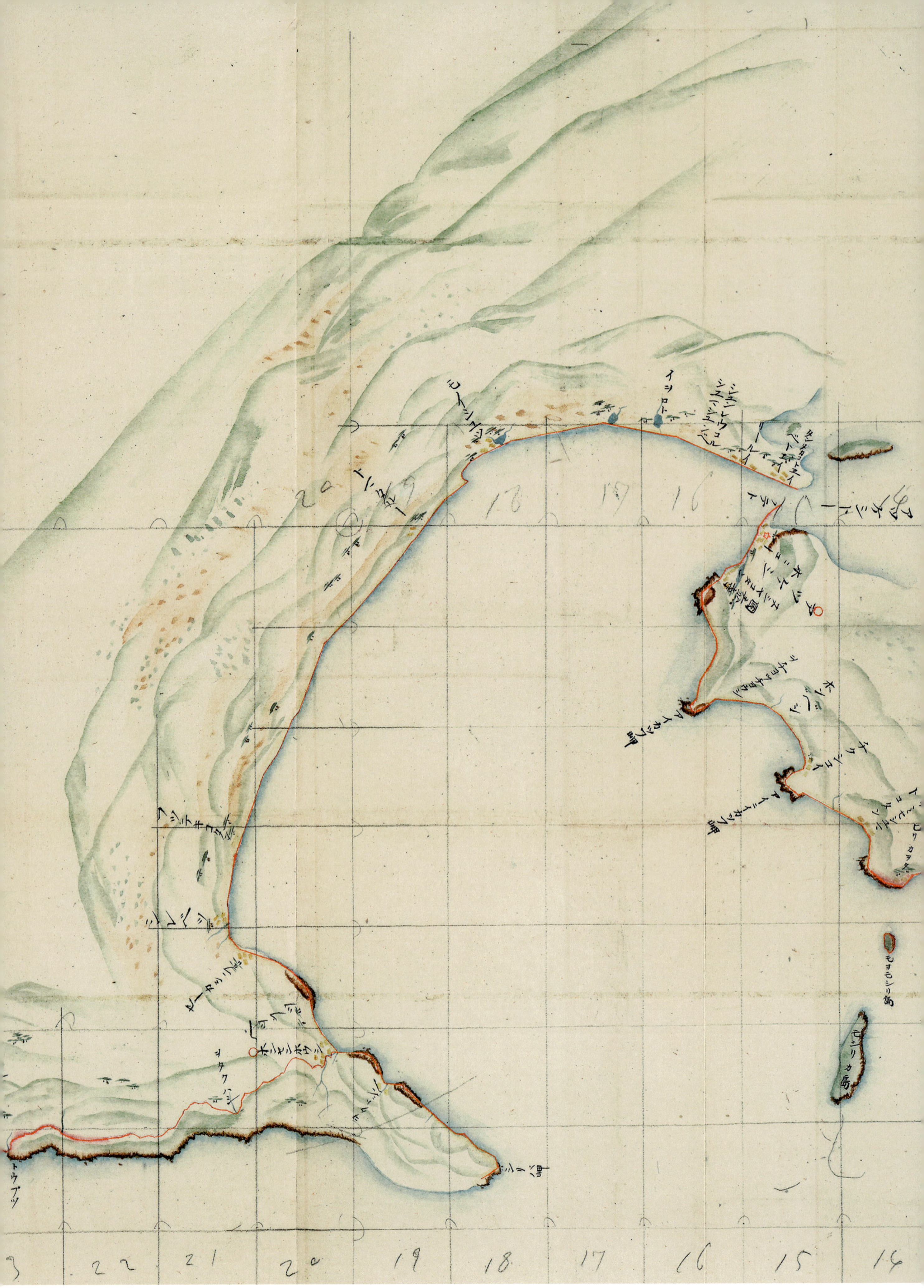

070
074
072

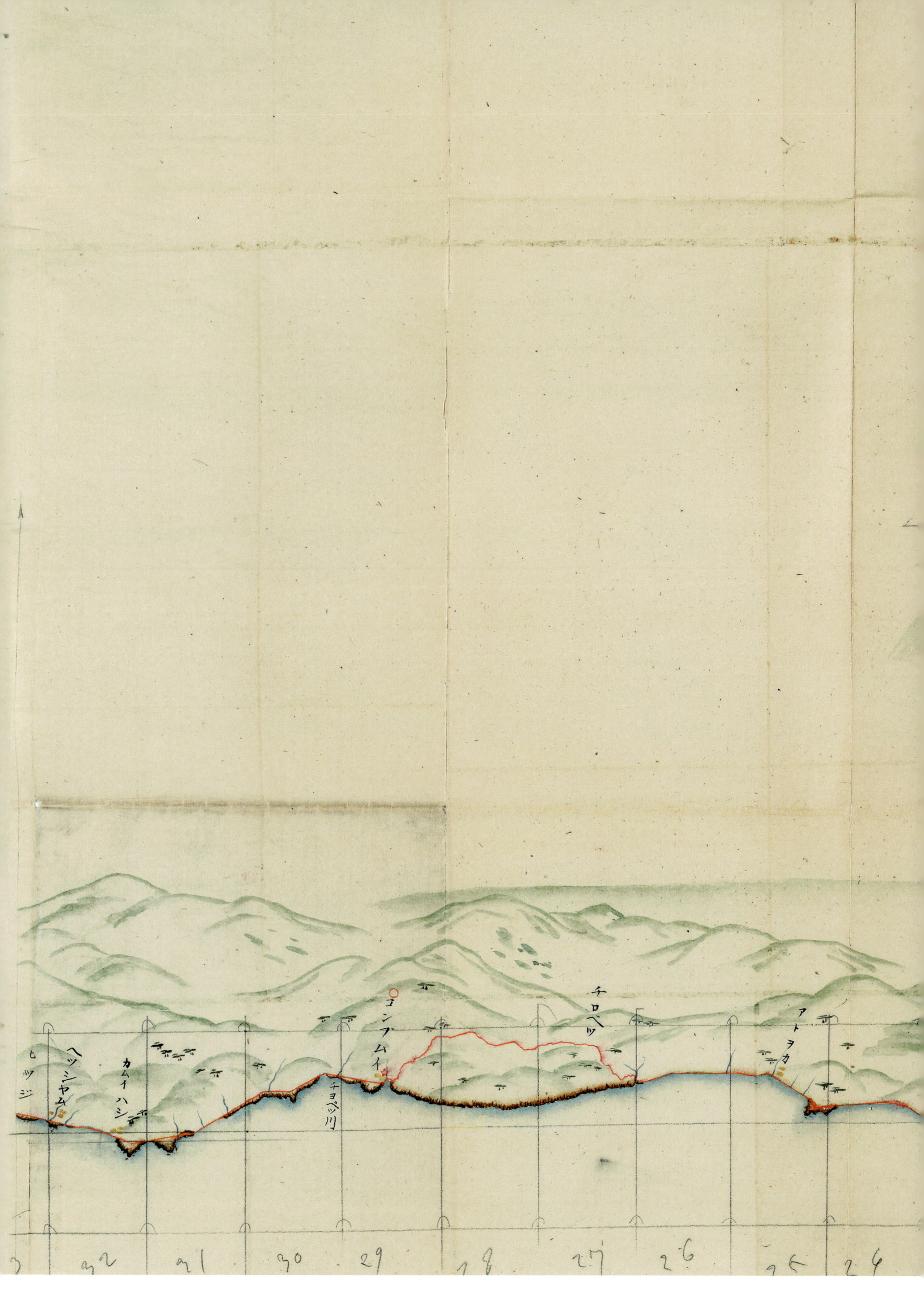
ヒツジ
ヘツシヤム
カムイハシ
チヨペツ川
コンブムイ
チロベツ
アトヲカ

ベトマイ
クスリ
ヲコツナイ
カツラコイ
8
10
12
14
16

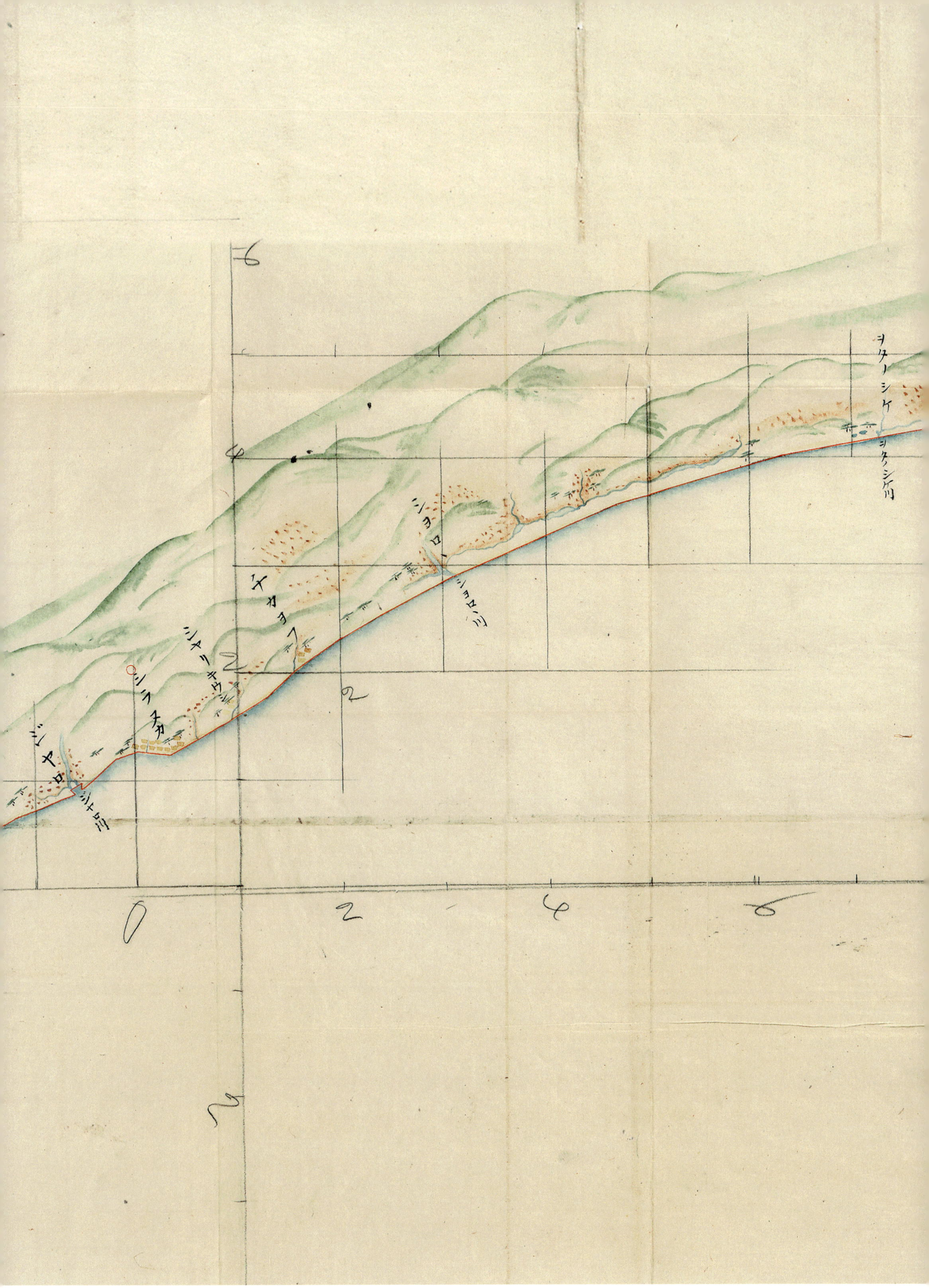
ヲタノシケ
ヲタノシケ川
ショロヽ
ショロヽ川
チカヨフ
シャリキウシ
シラヌカ
ヂャロ
シャロ川

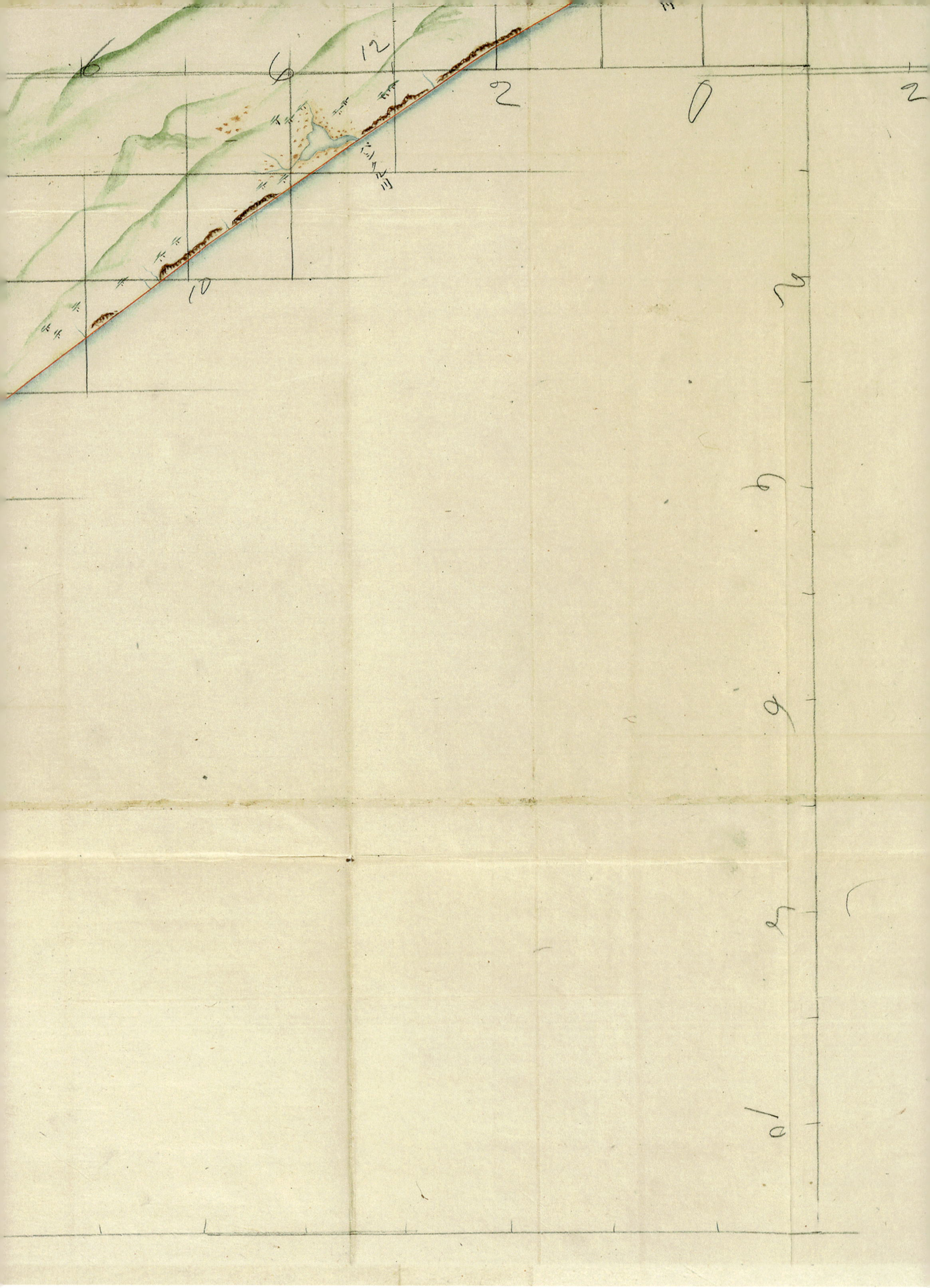
16
6
12
2
0
2
10

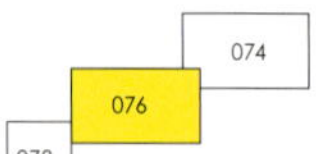
074
076
078

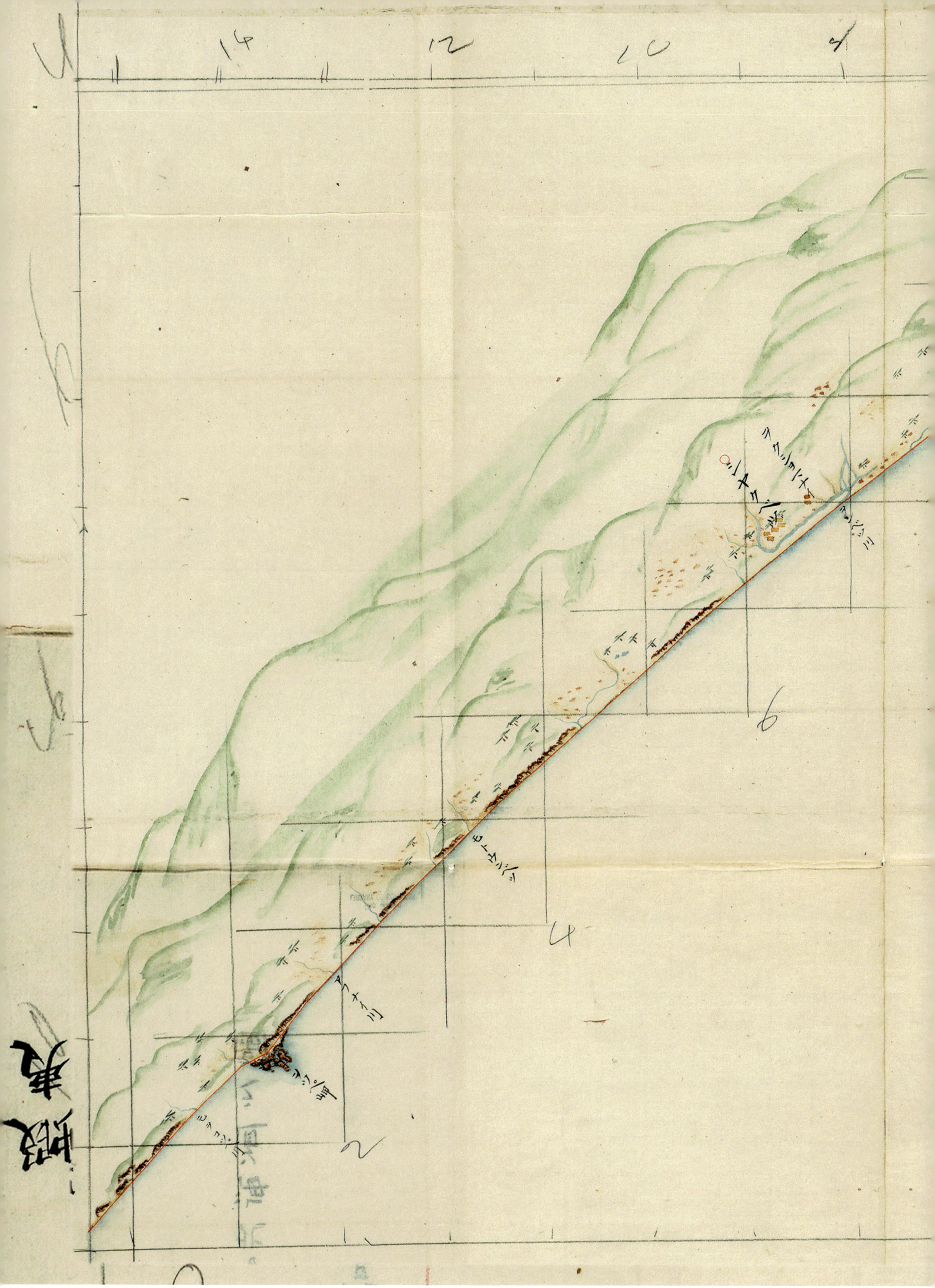

第23号　釧路（2）

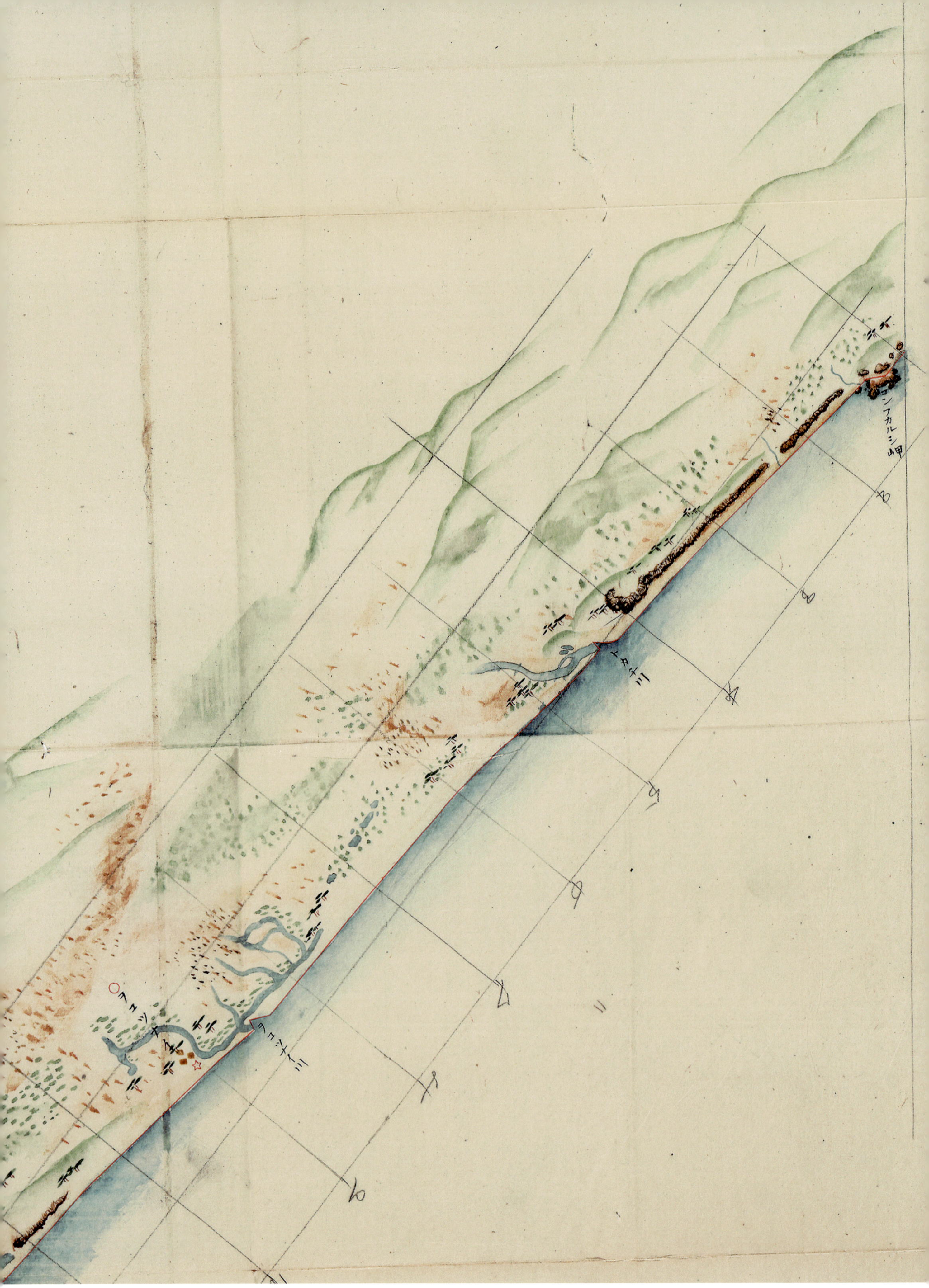

076
078
079

第24号　十勝川河口（1）

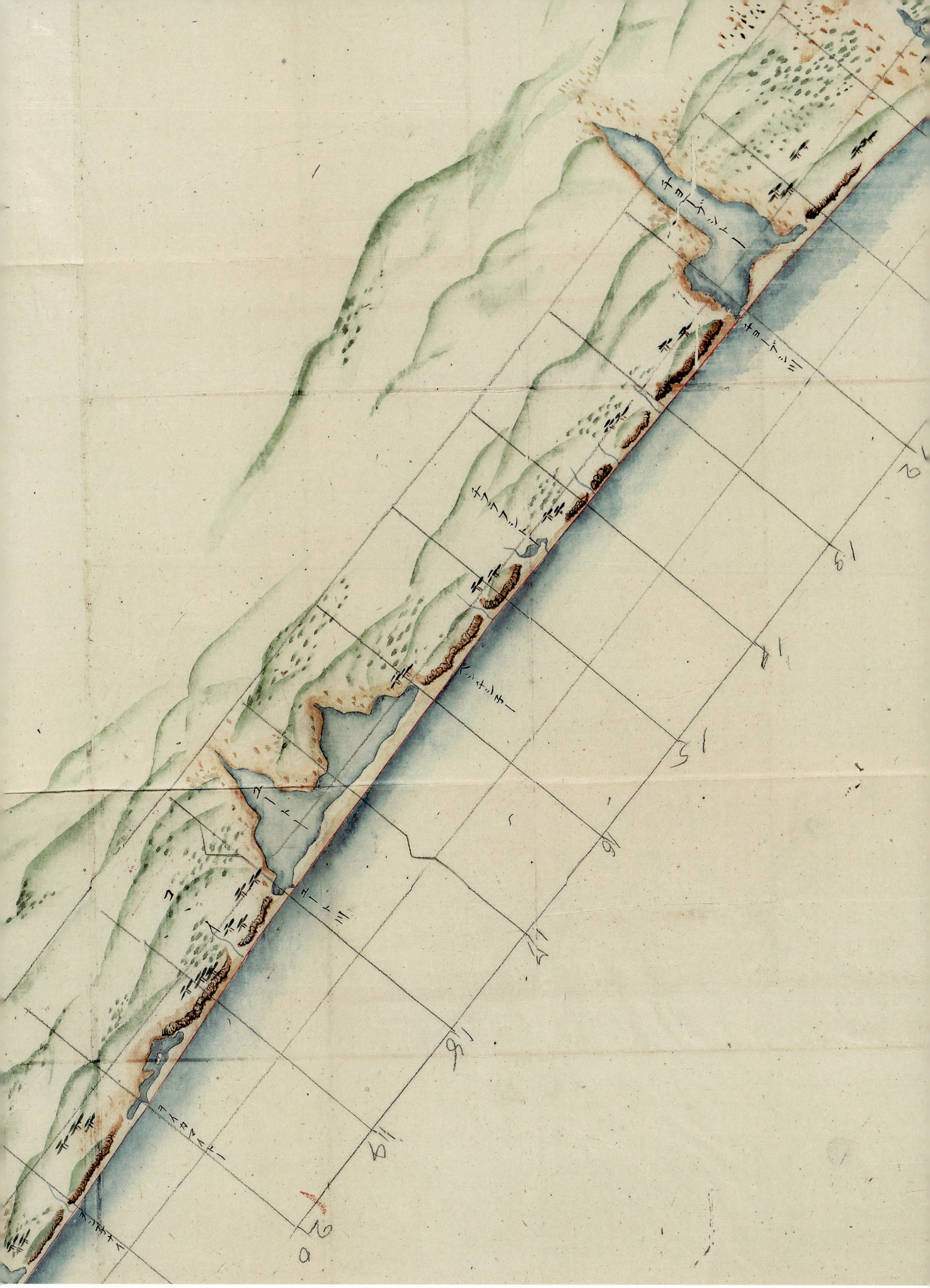

第24号　十勝川河口（2）

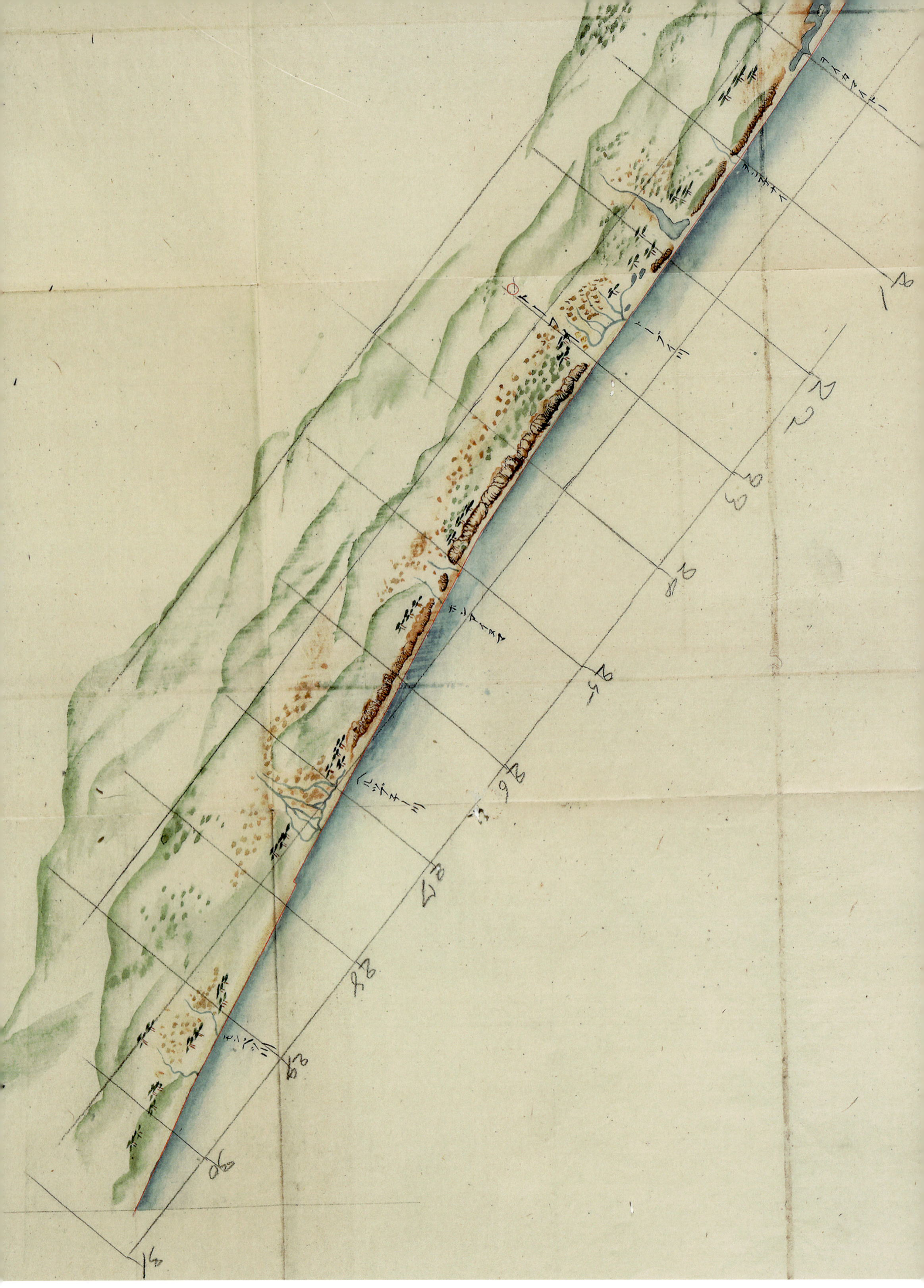

079
080
081

第24号　十勝川河口（3）

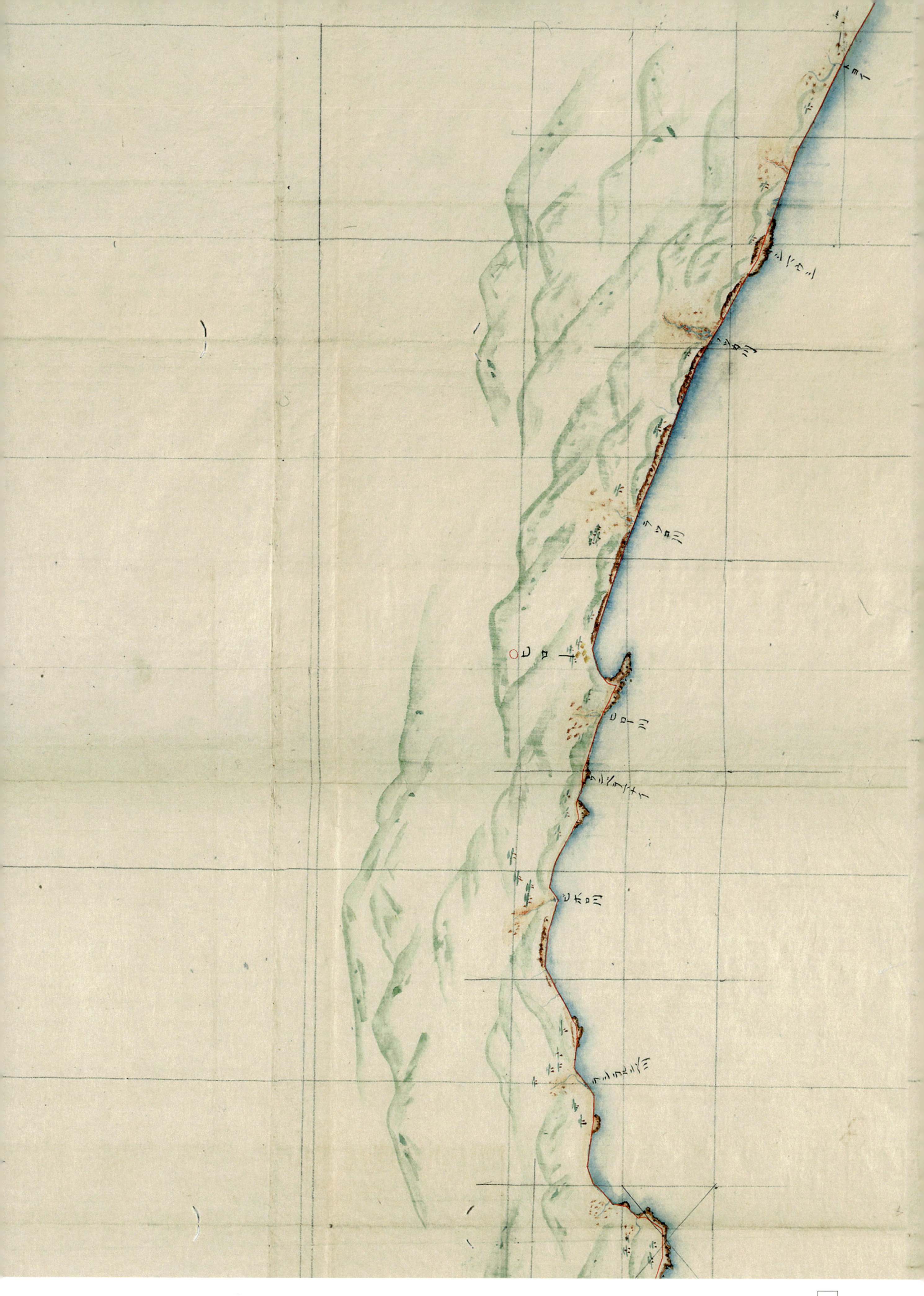

 第25号　広尾（1）

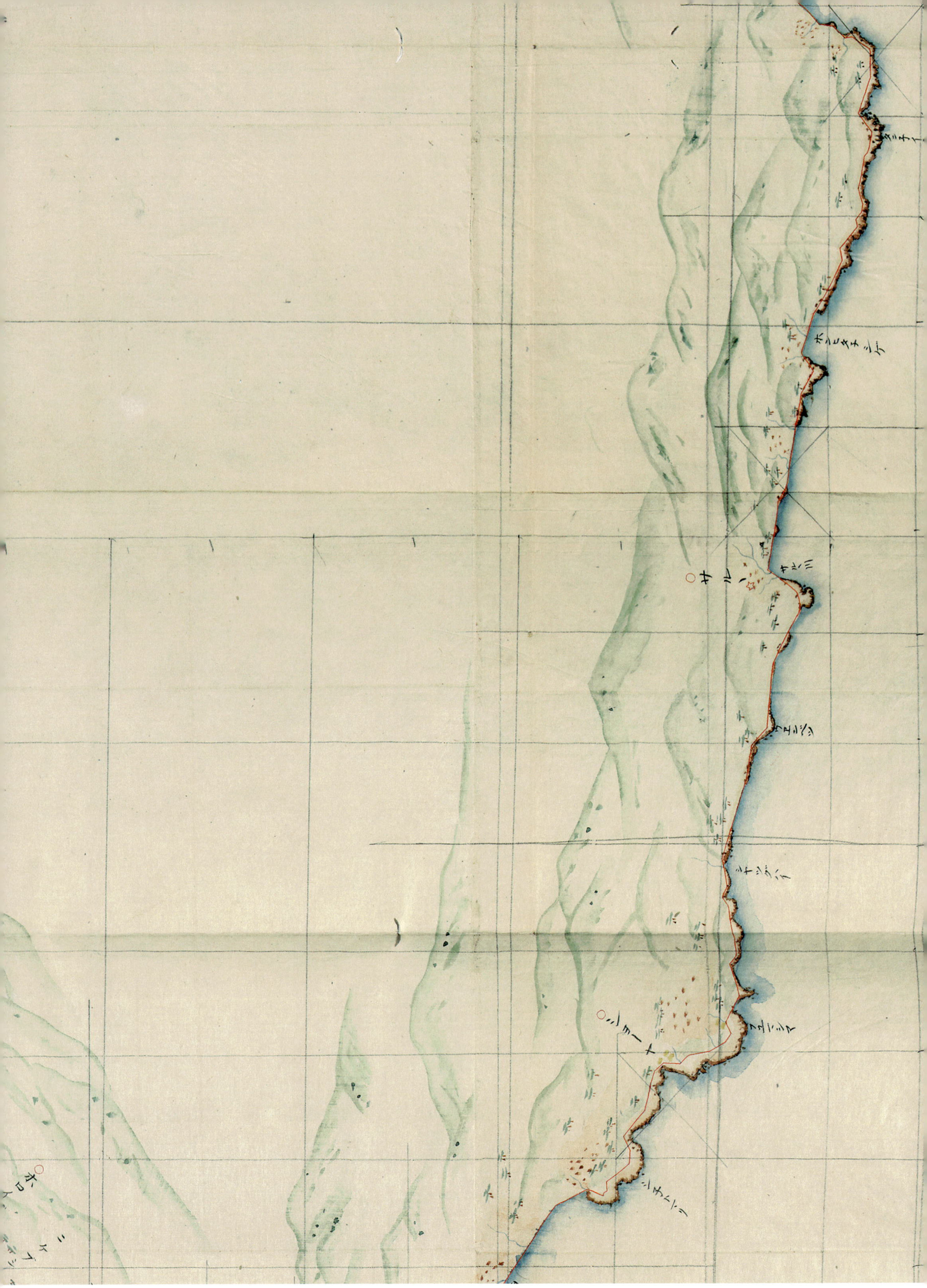

081
082
084

イワヲイ
イワヲイ岬
ホロベツ川
シヤクコタン
ホロモイ

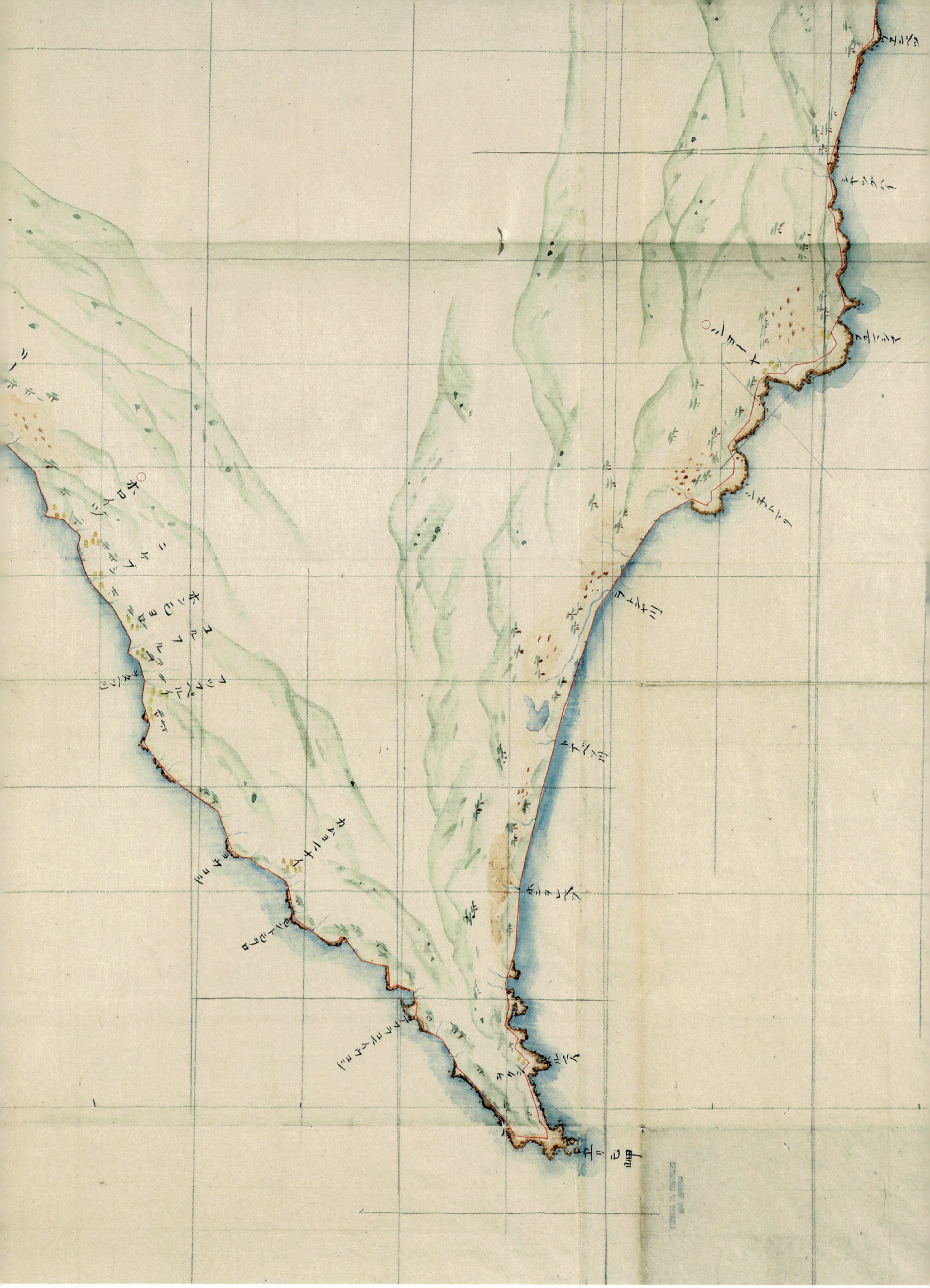

第26号　浦河（1）

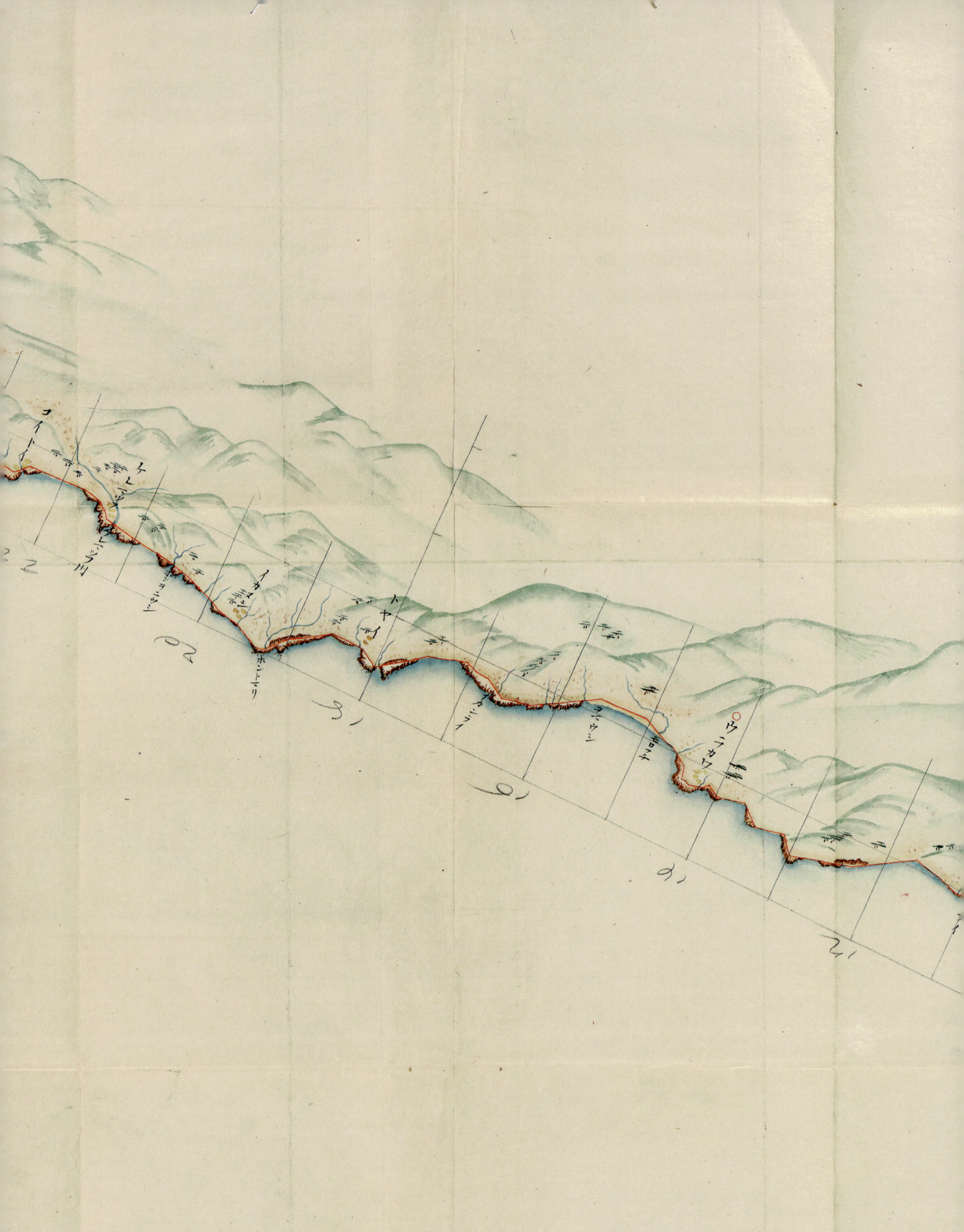
コイトイ
ホントマリ
トヤ村
ウラカワ

ホロカラリ

ホロイツカ
ニイカツプ
ヒポカ

第27号 門別（1）

14
13
12
11
10
9
8
7
6
5
ムカワ川

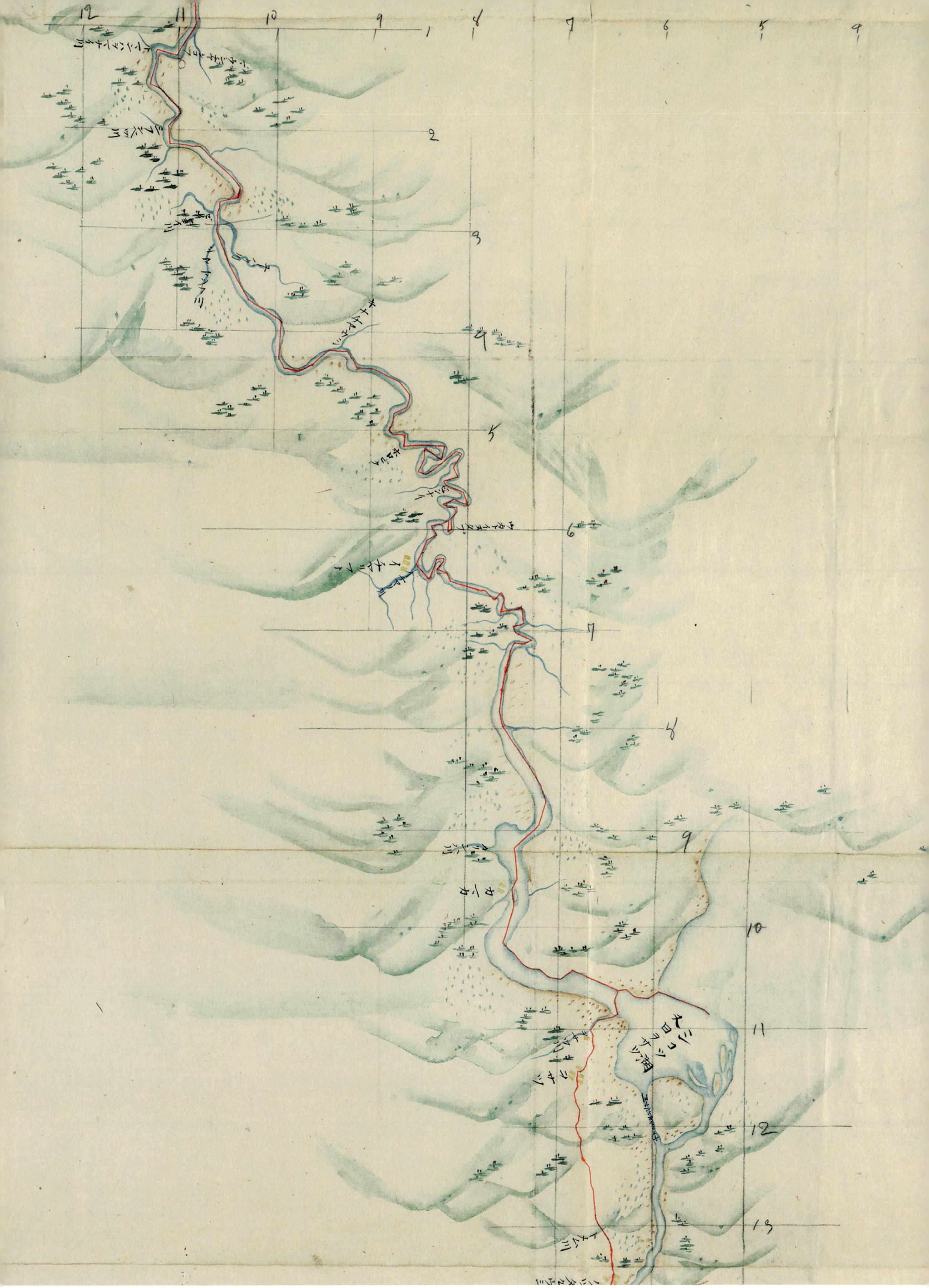

第28号　苫小牧（1）

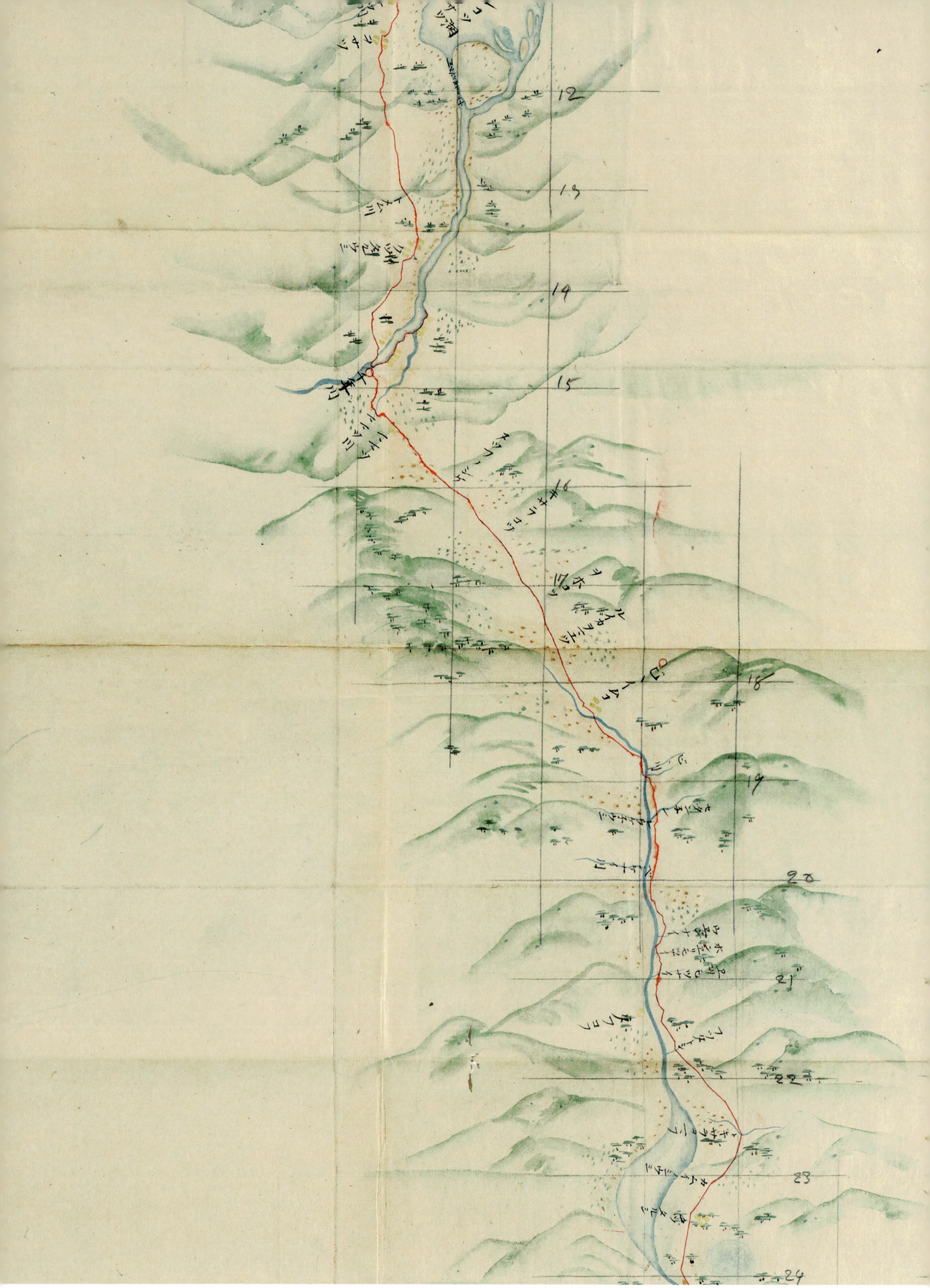
12
13
14
15
16
18
19
20
21
22
23
24

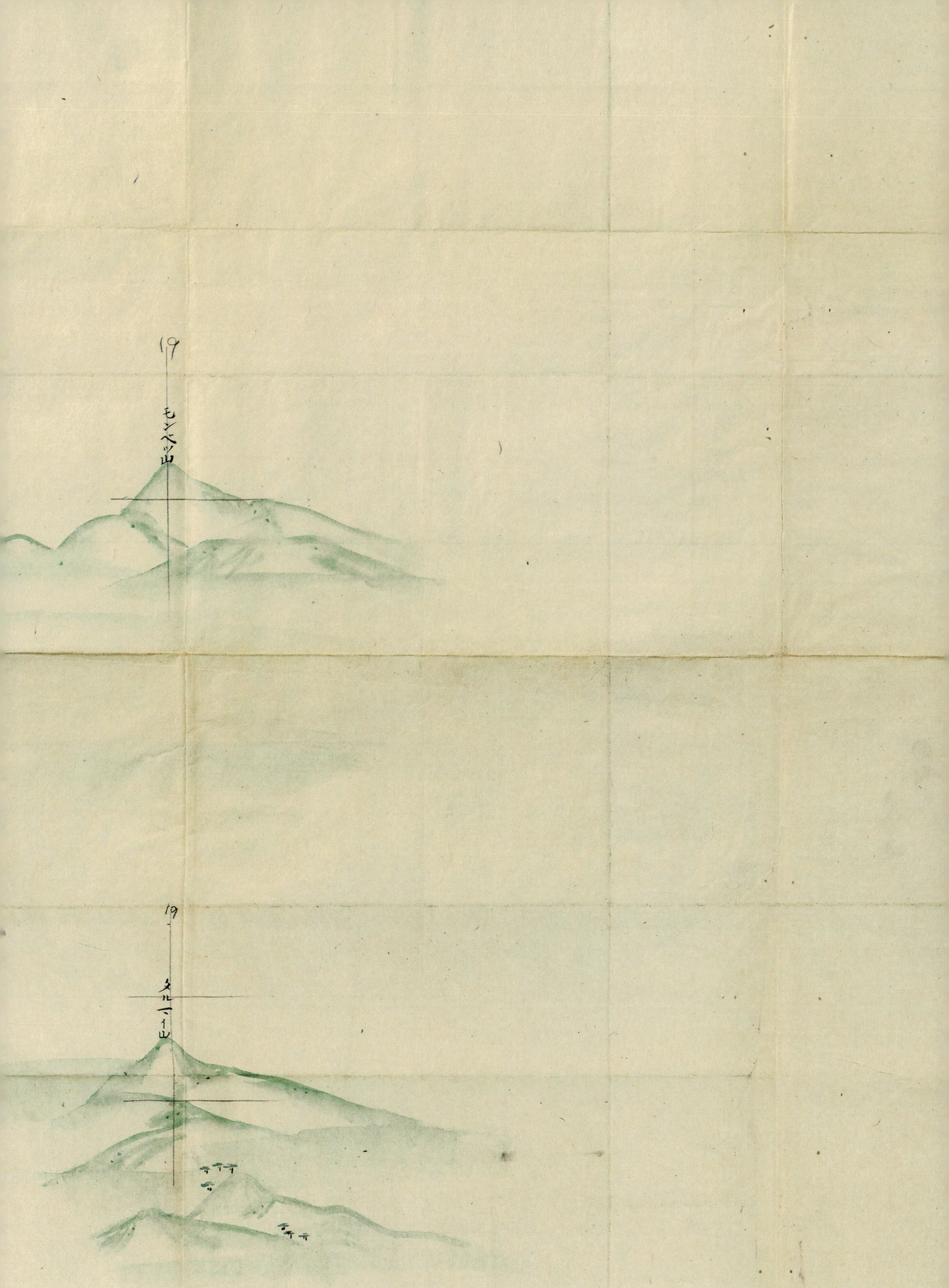
19
モンベツ山
19
タルーイ山

マコマイ川
シヤクタツフ川
ユウフツ

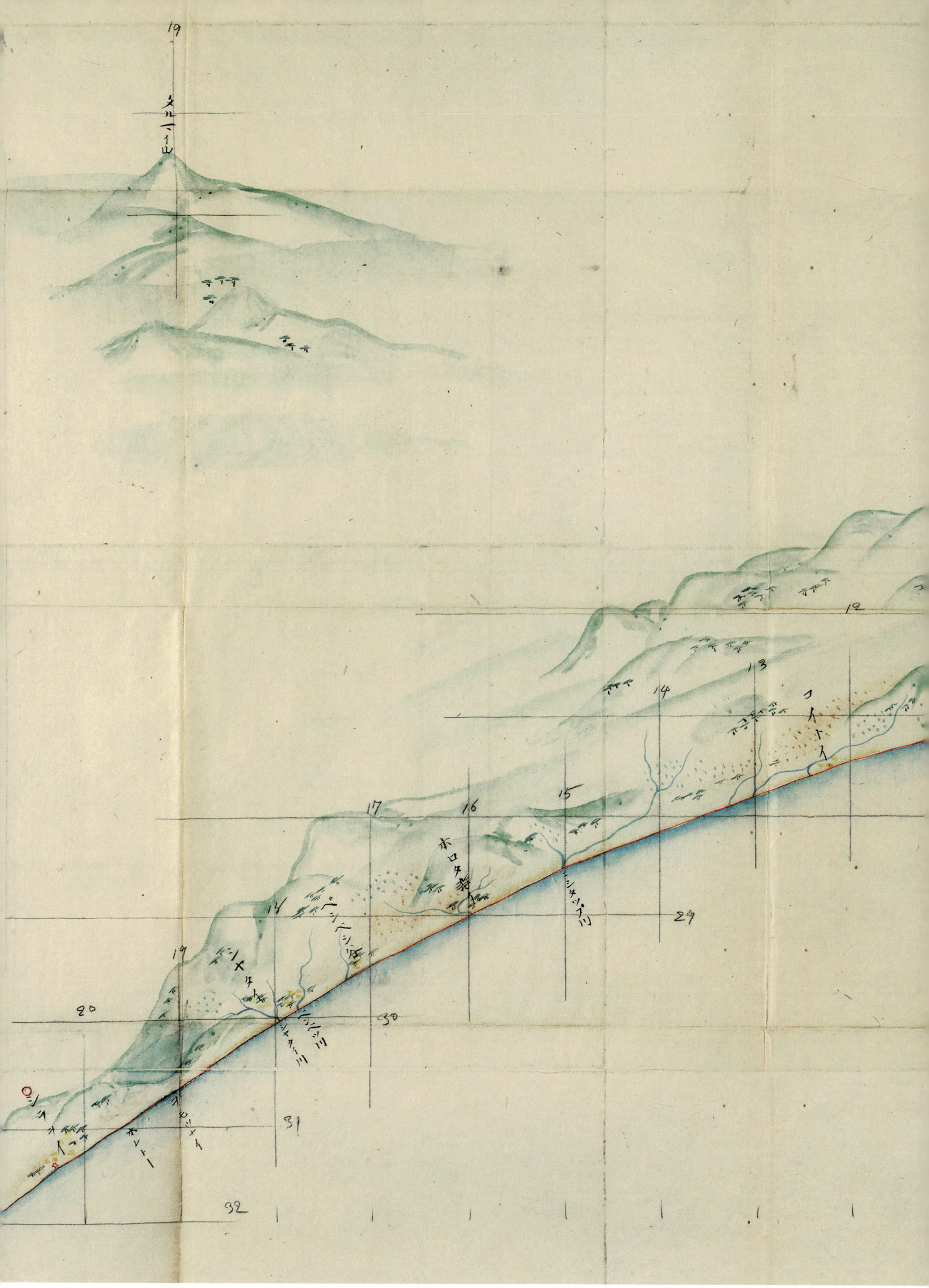

 第28号　苫小牧（3）

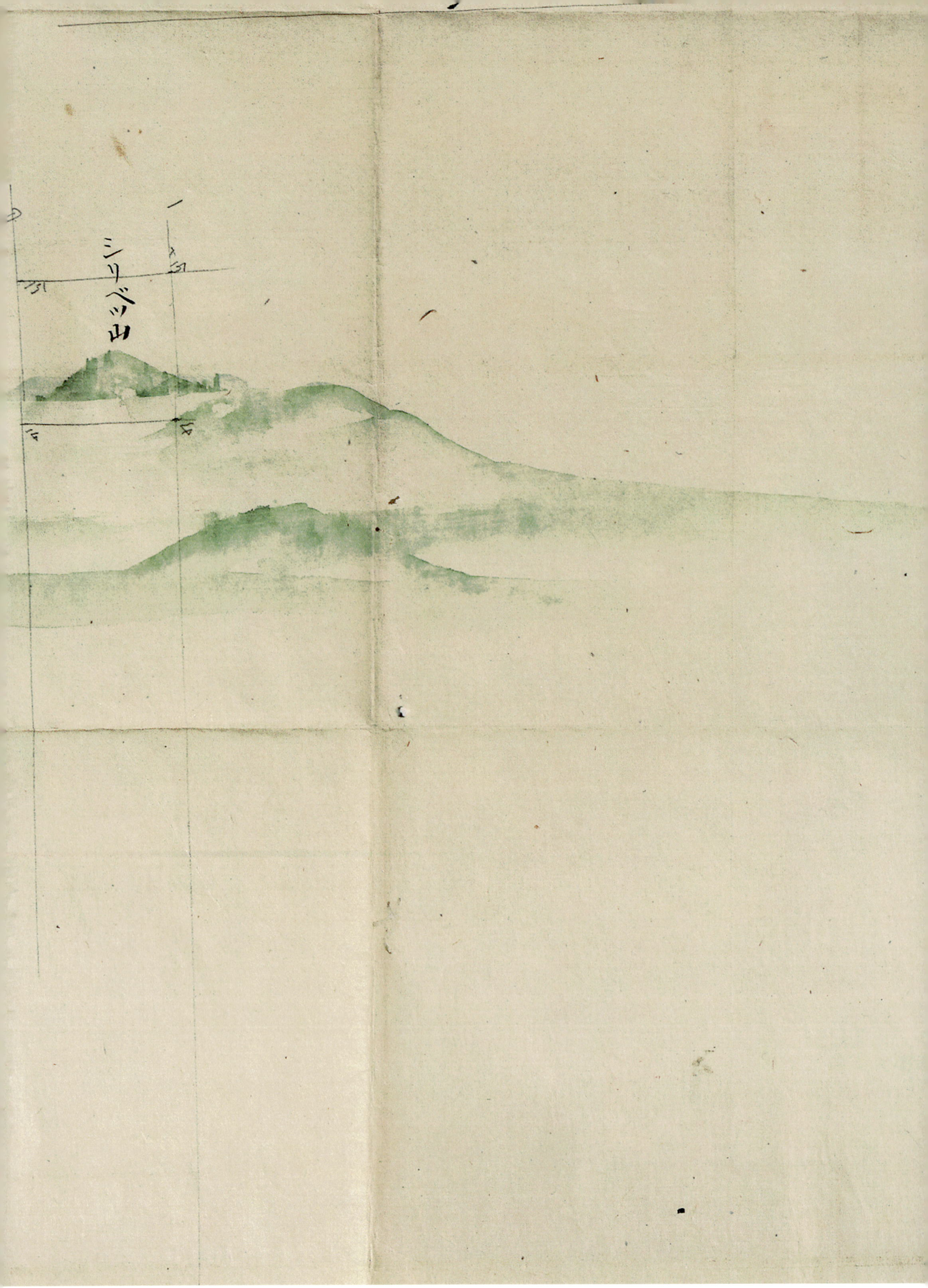
シリベツ山

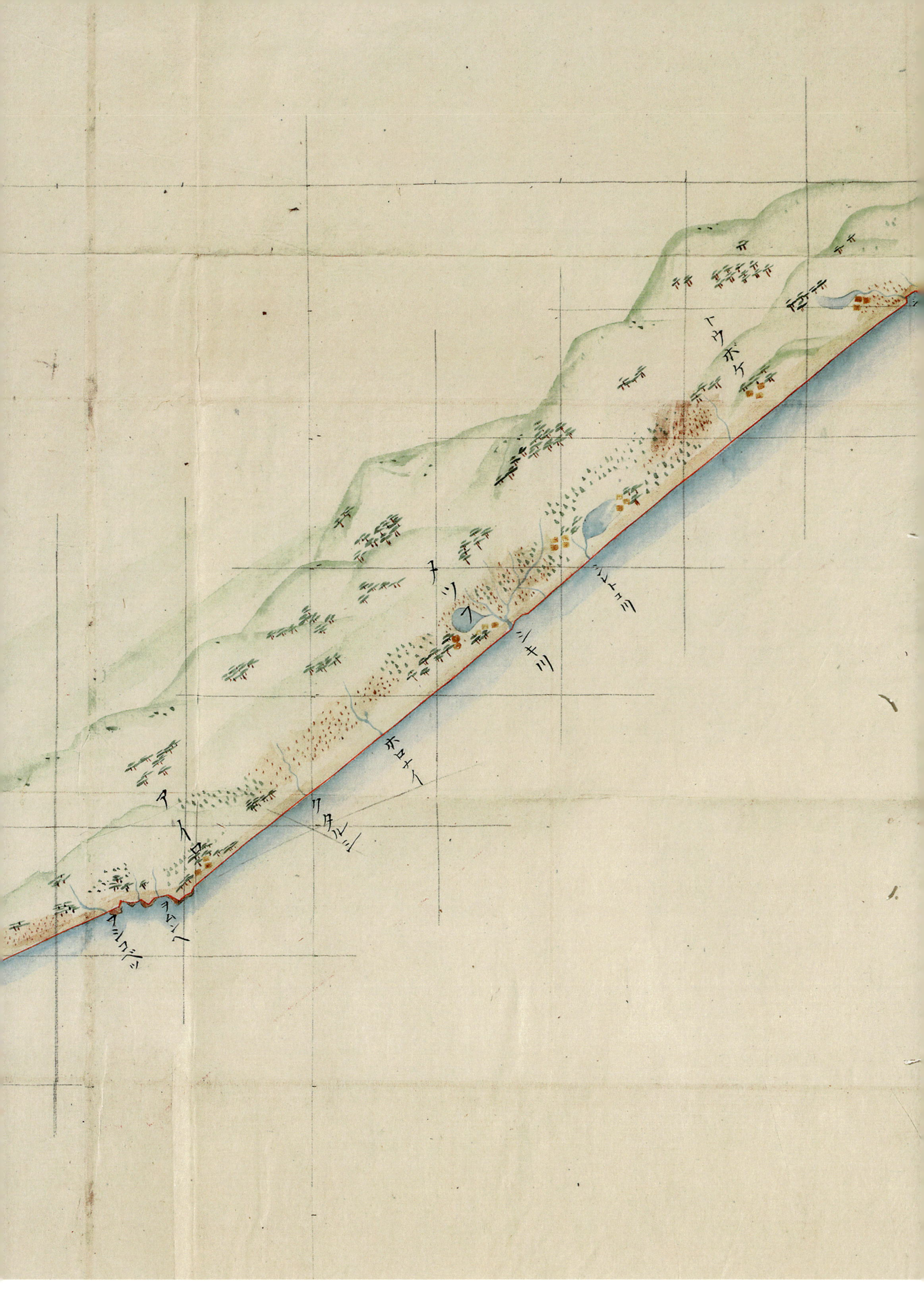
ヌツフ
シキ川
トウボケ
ホロナイ

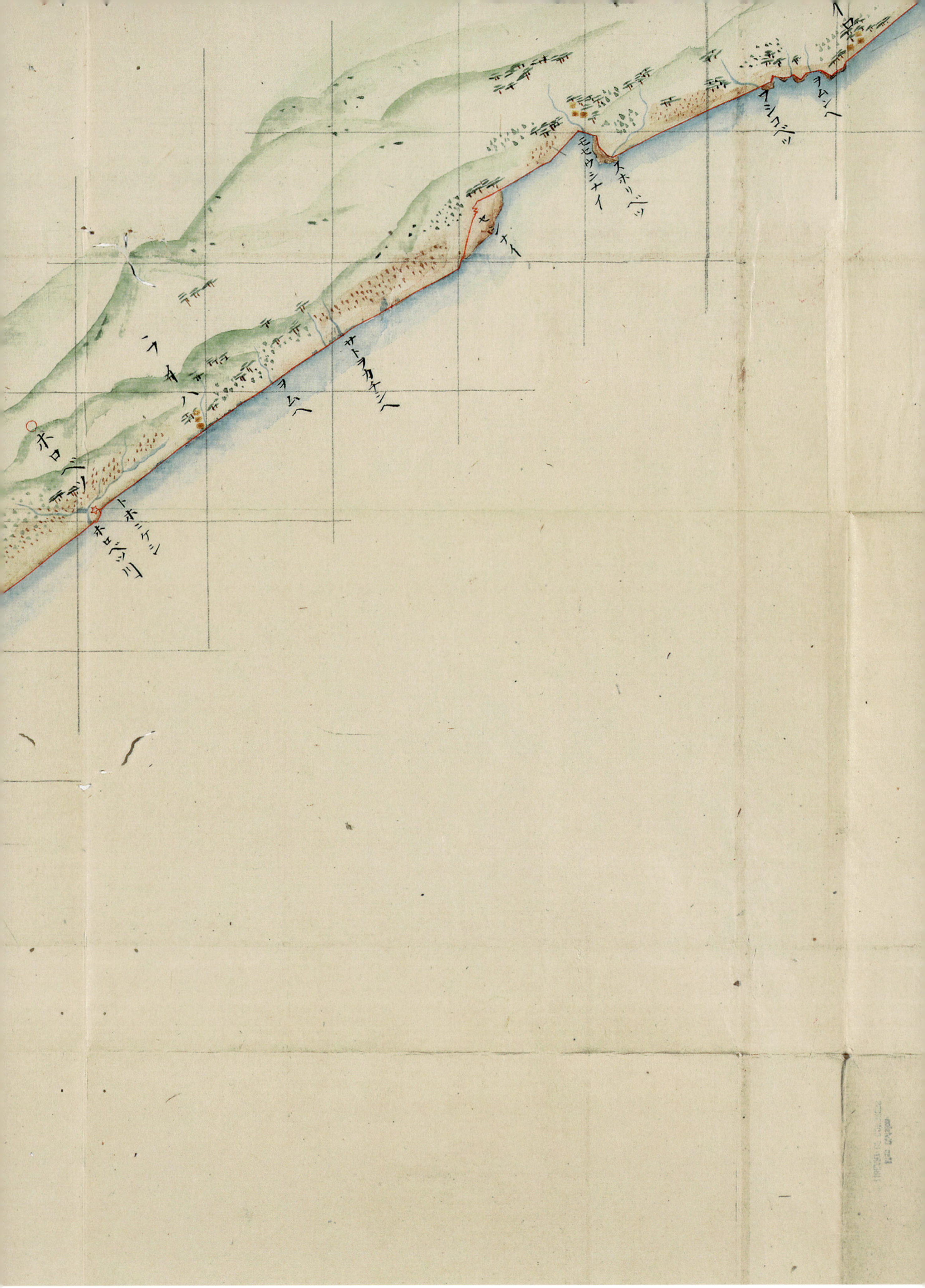
ホロベツ
トホシケシ
ホロベツ川
ヨムヘ
サトヲカケシヘ
セシナイ
モセウシナイ
スホリベツ
ヲシクベツ
ヨムンヘ

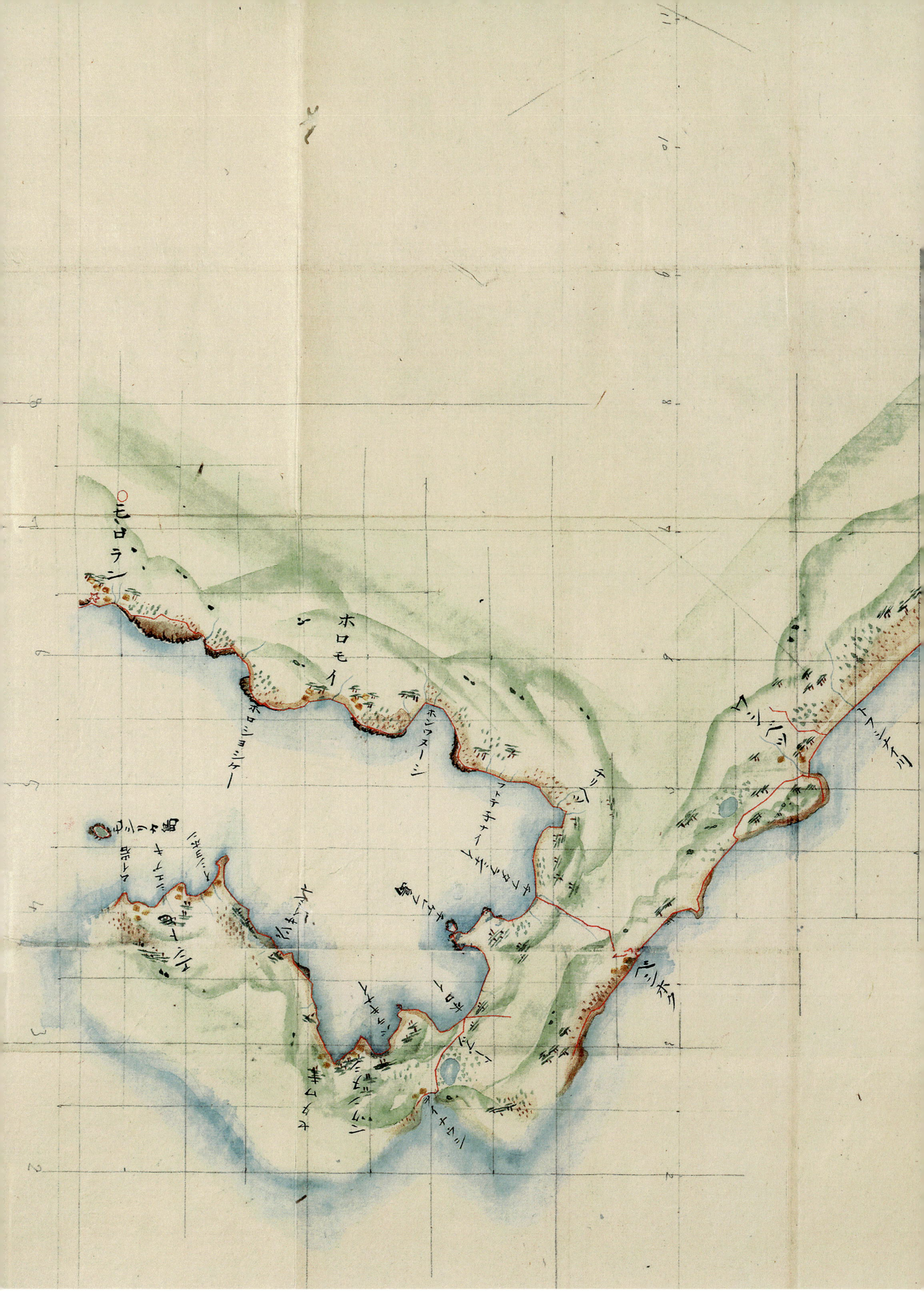

第29号　室蘭（3）

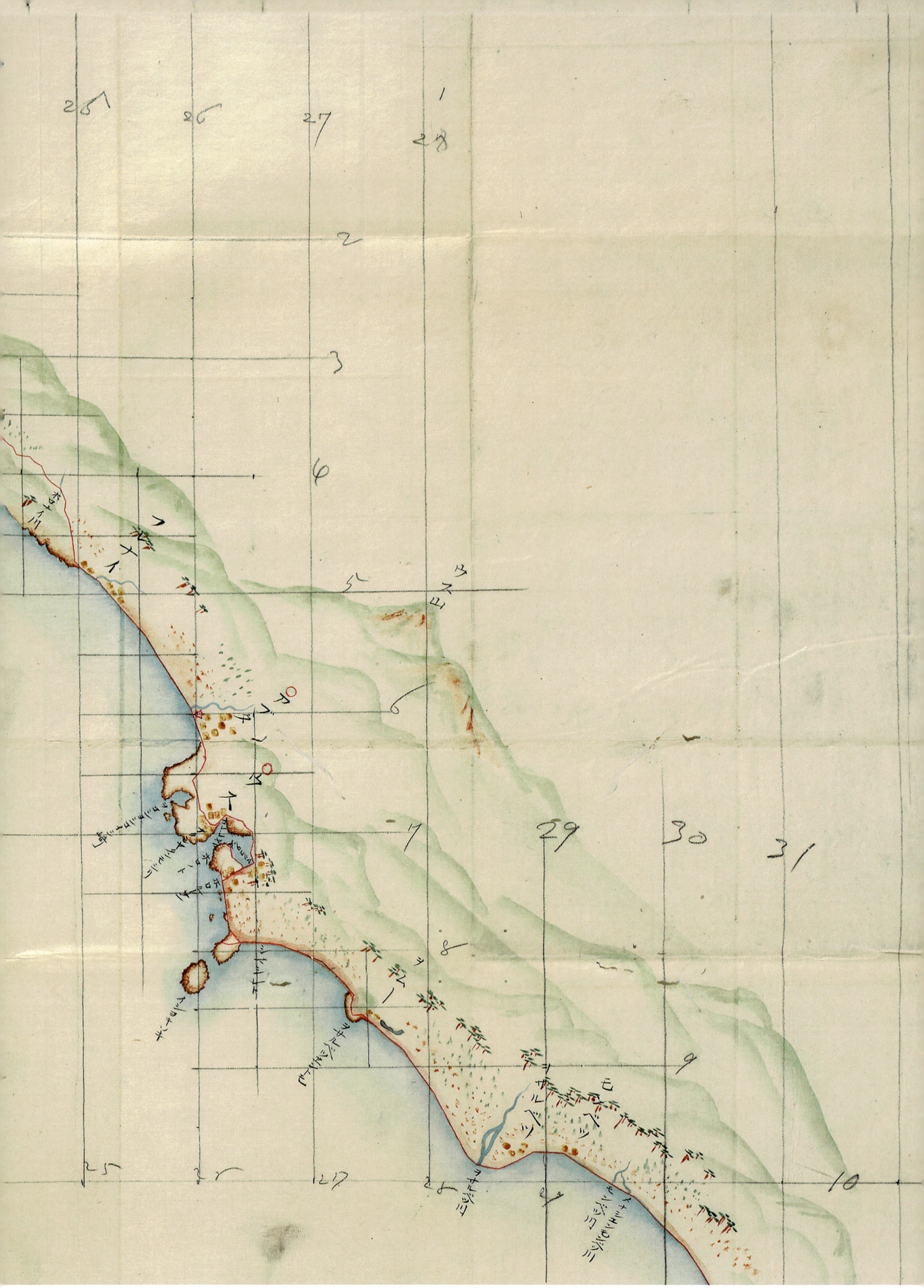

102 100
104

ルヨナイ
レブンゲ
ヲトロナクシ
ホロビ岩
タプコプ
ヲツフケシ
ヲツフケシ崎
アキヘ川

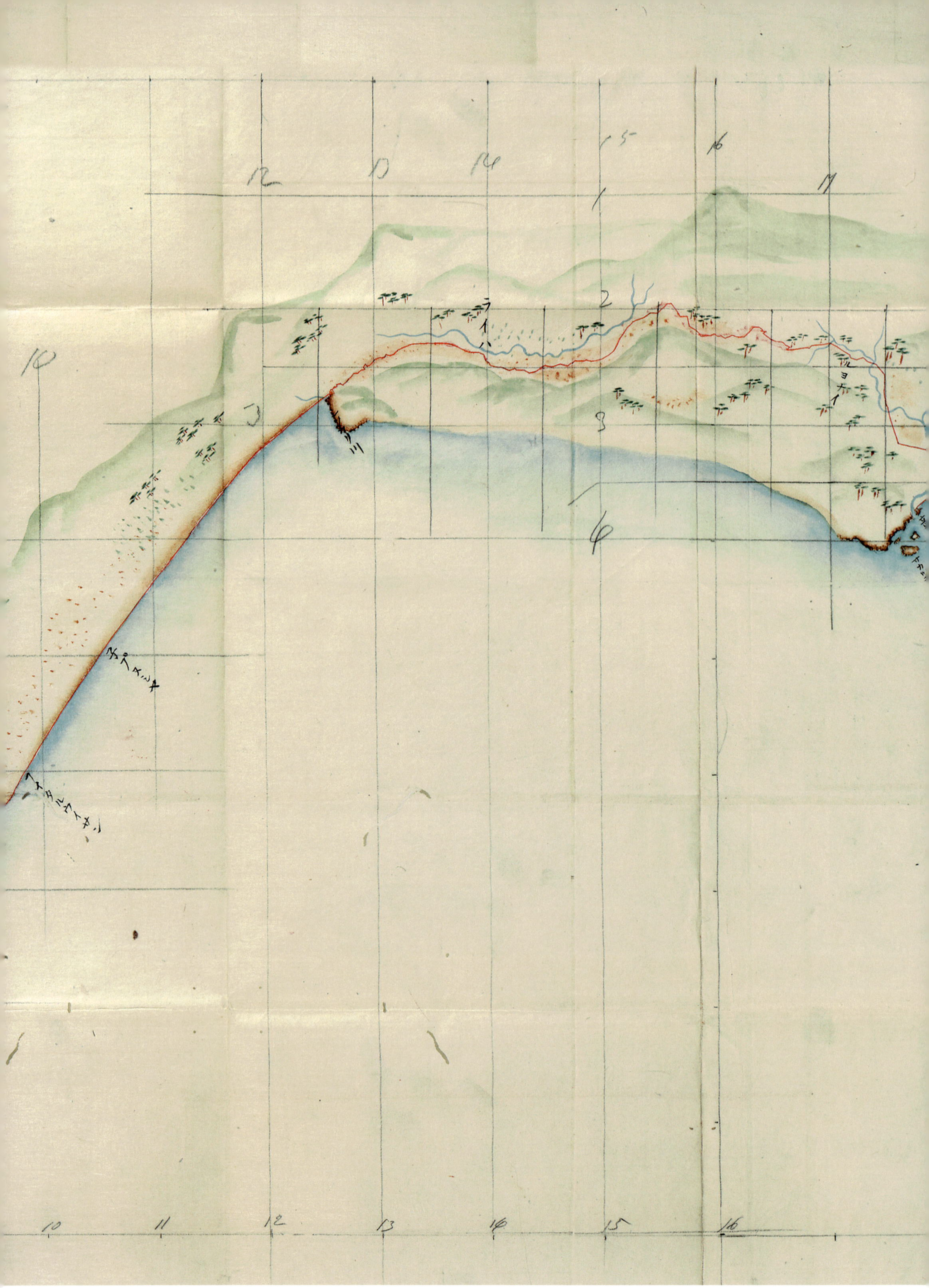
10
12
13
14
15
16
17
1
2
3
4
5
ライハ
ルヨナイ
10
11
12
13
14
15
16

第30号　長万部（2）

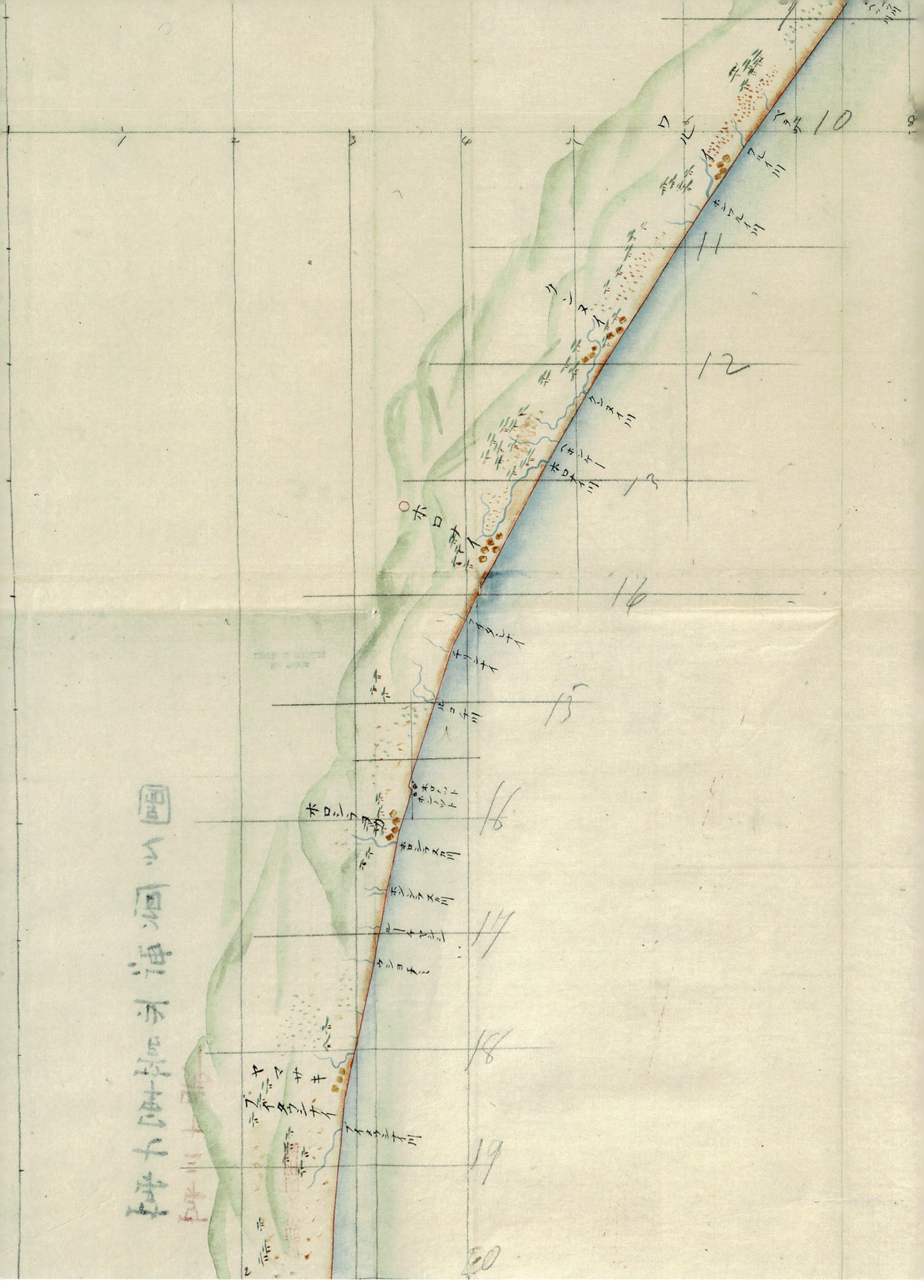

 第30号　長万部（4）

102
105
106

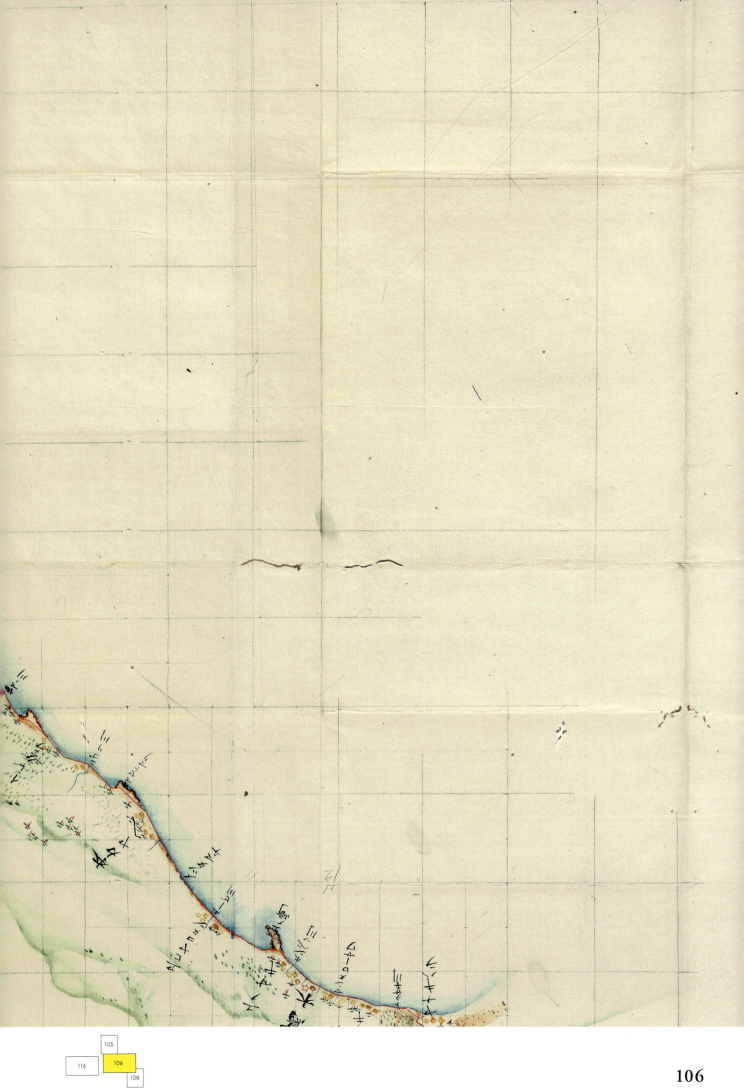

105
116 106
108

第31号　森（1）

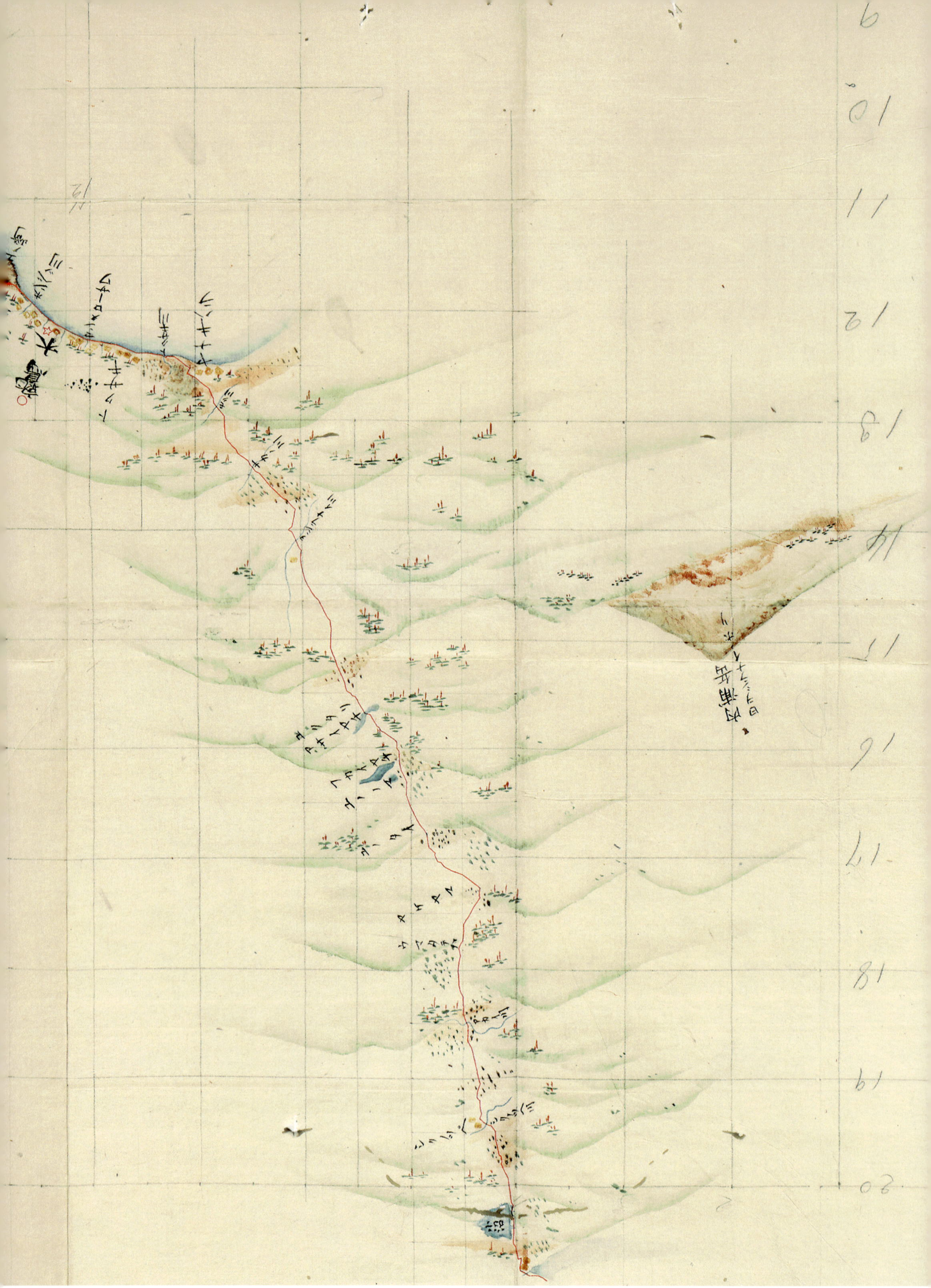

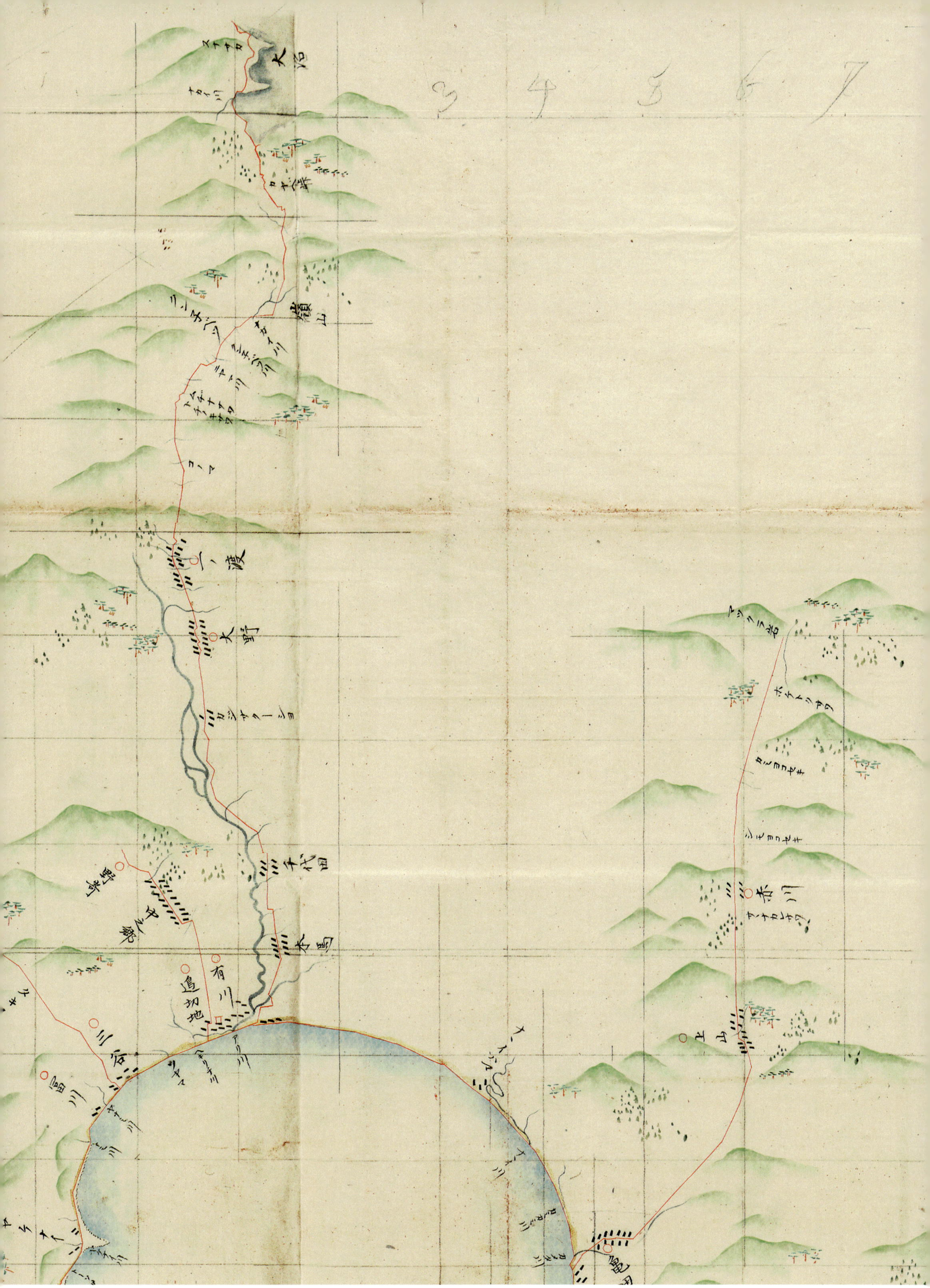

第32号　函館（1）

108
109
110

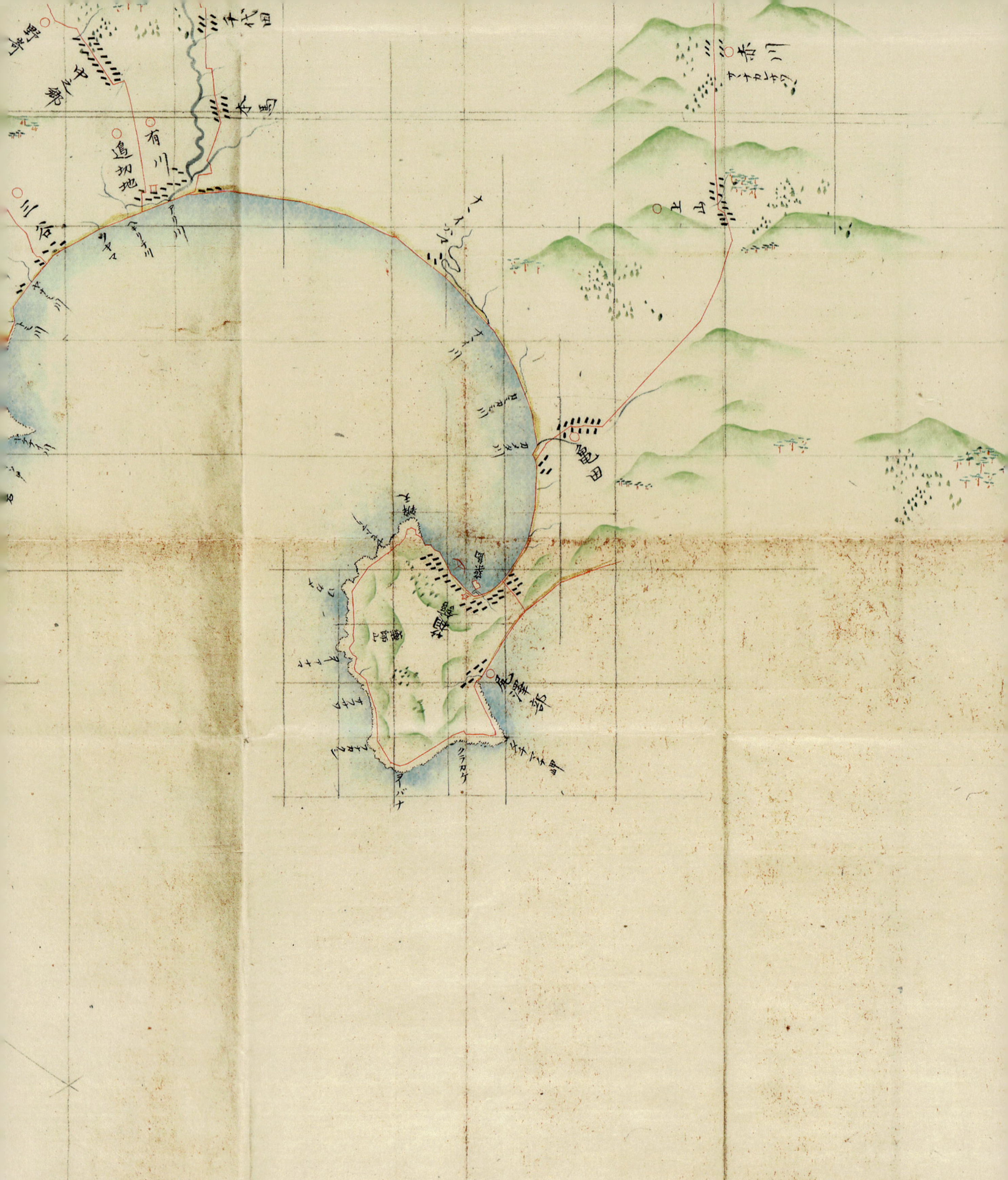

有川
中之郷
亀田
赤川

第32号　**函館**（2）

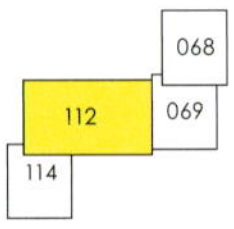
068
112
069
114

第33号　瀬棚（1）

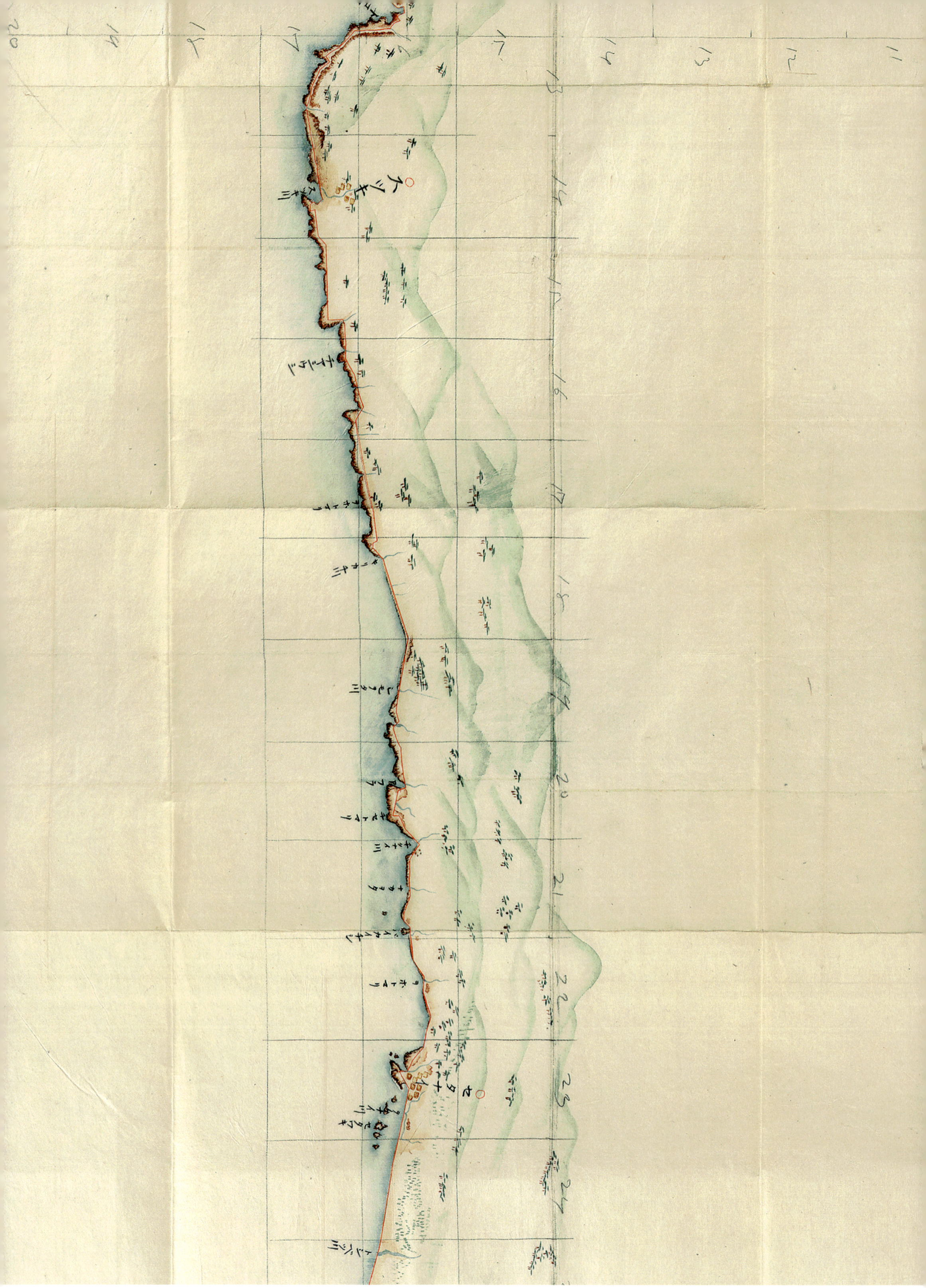

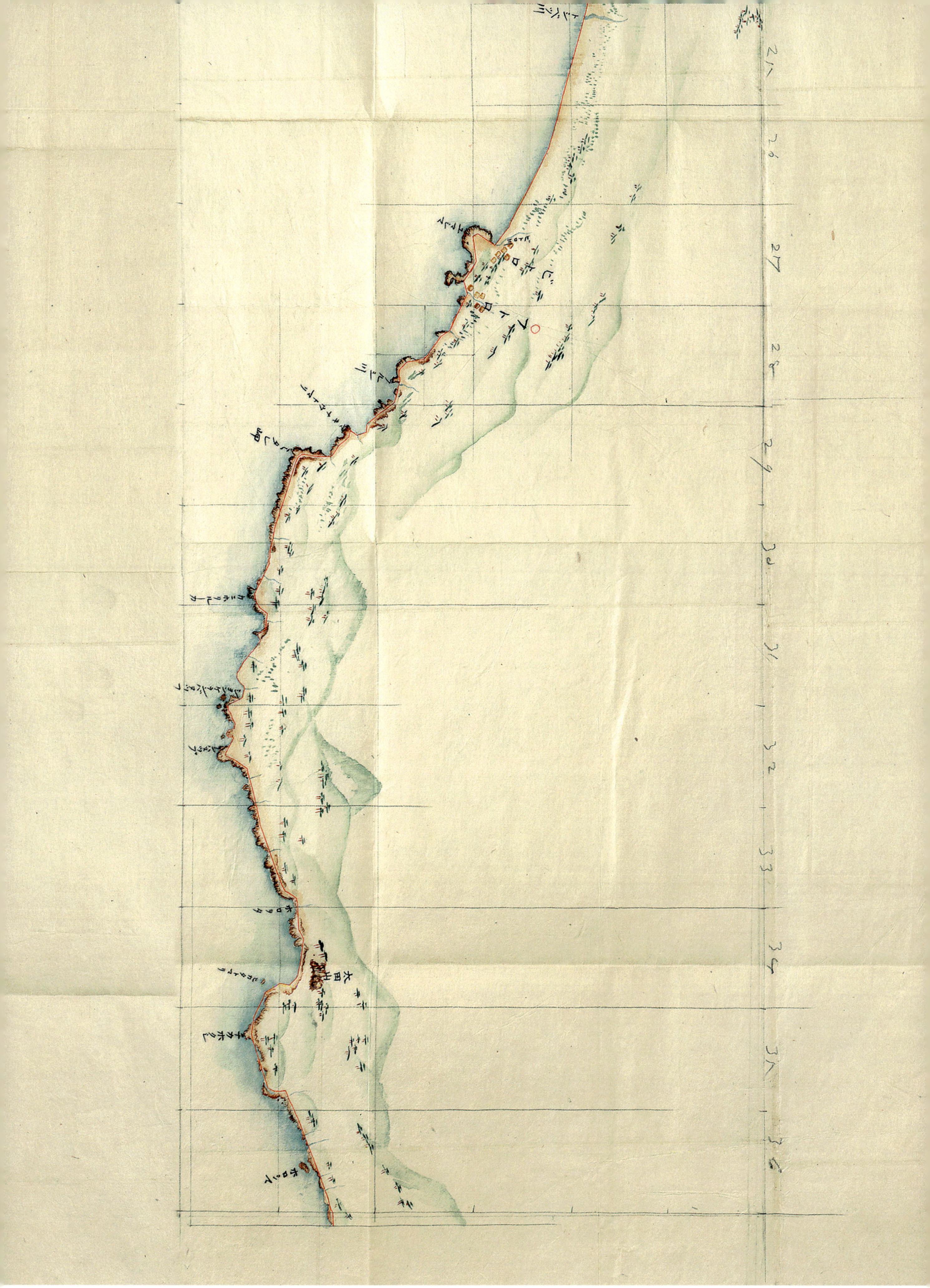

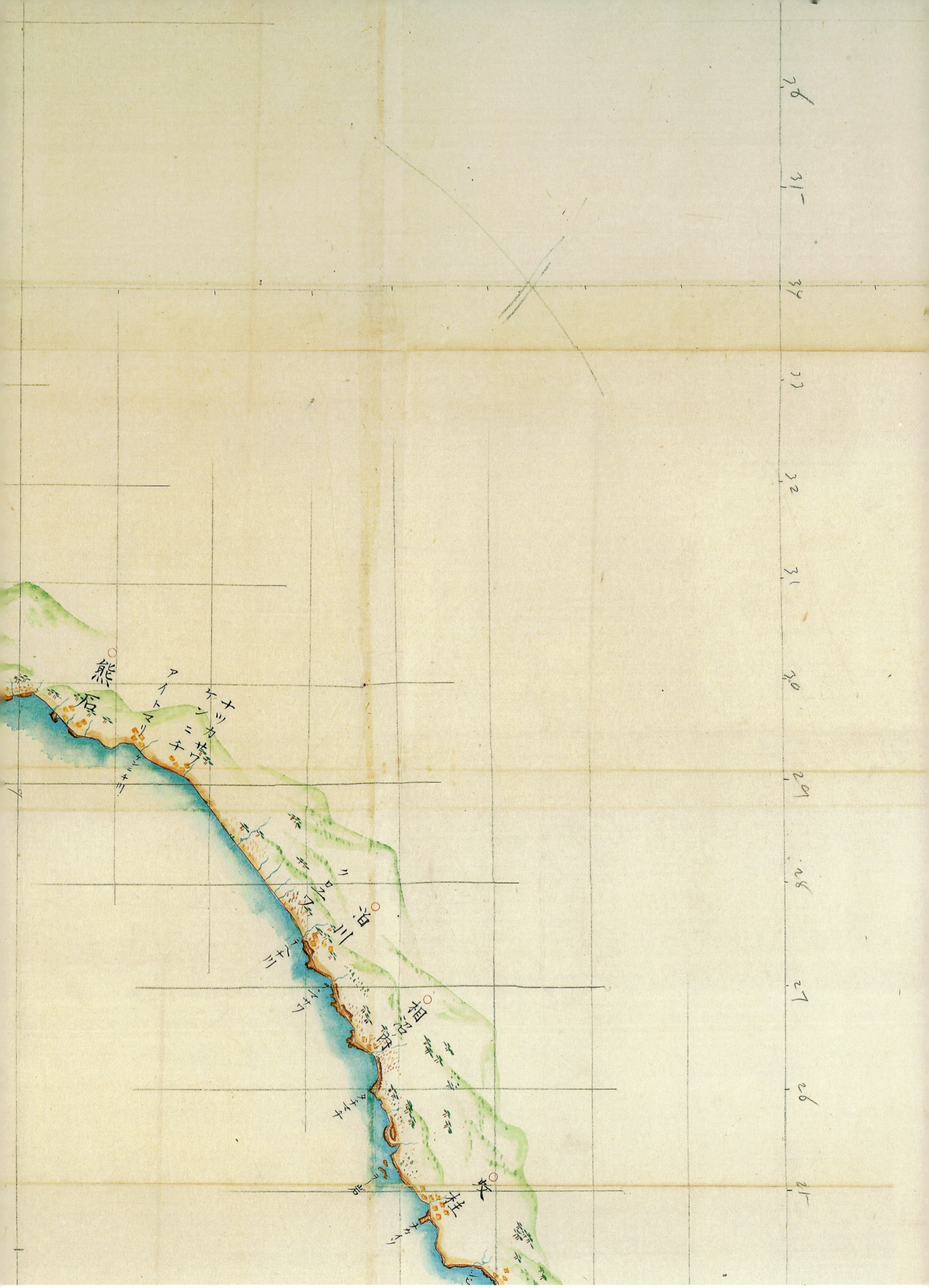
熊石
アイトマリ
泊川
相沼内
蚊柱

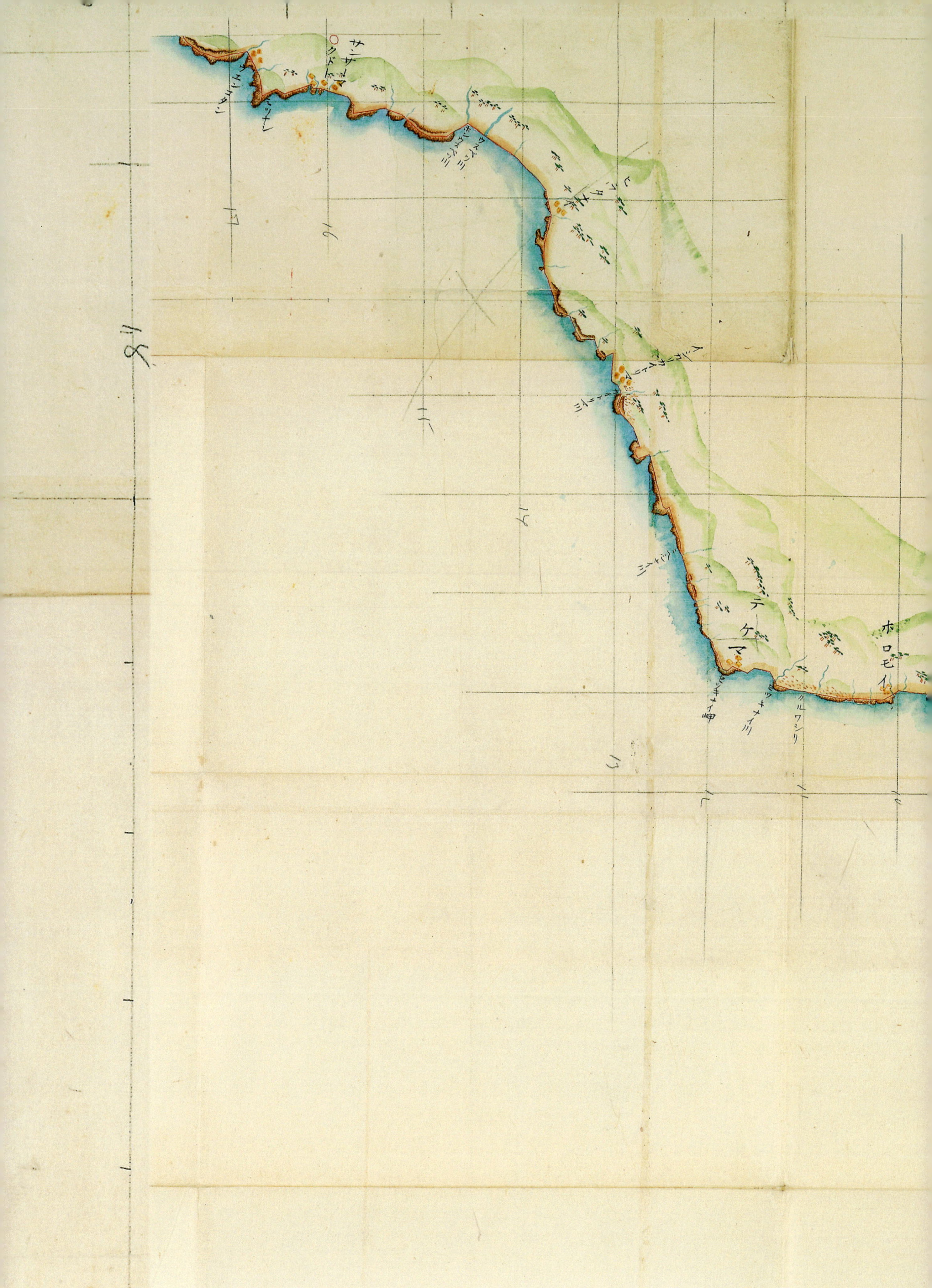

第34号　江差（1）

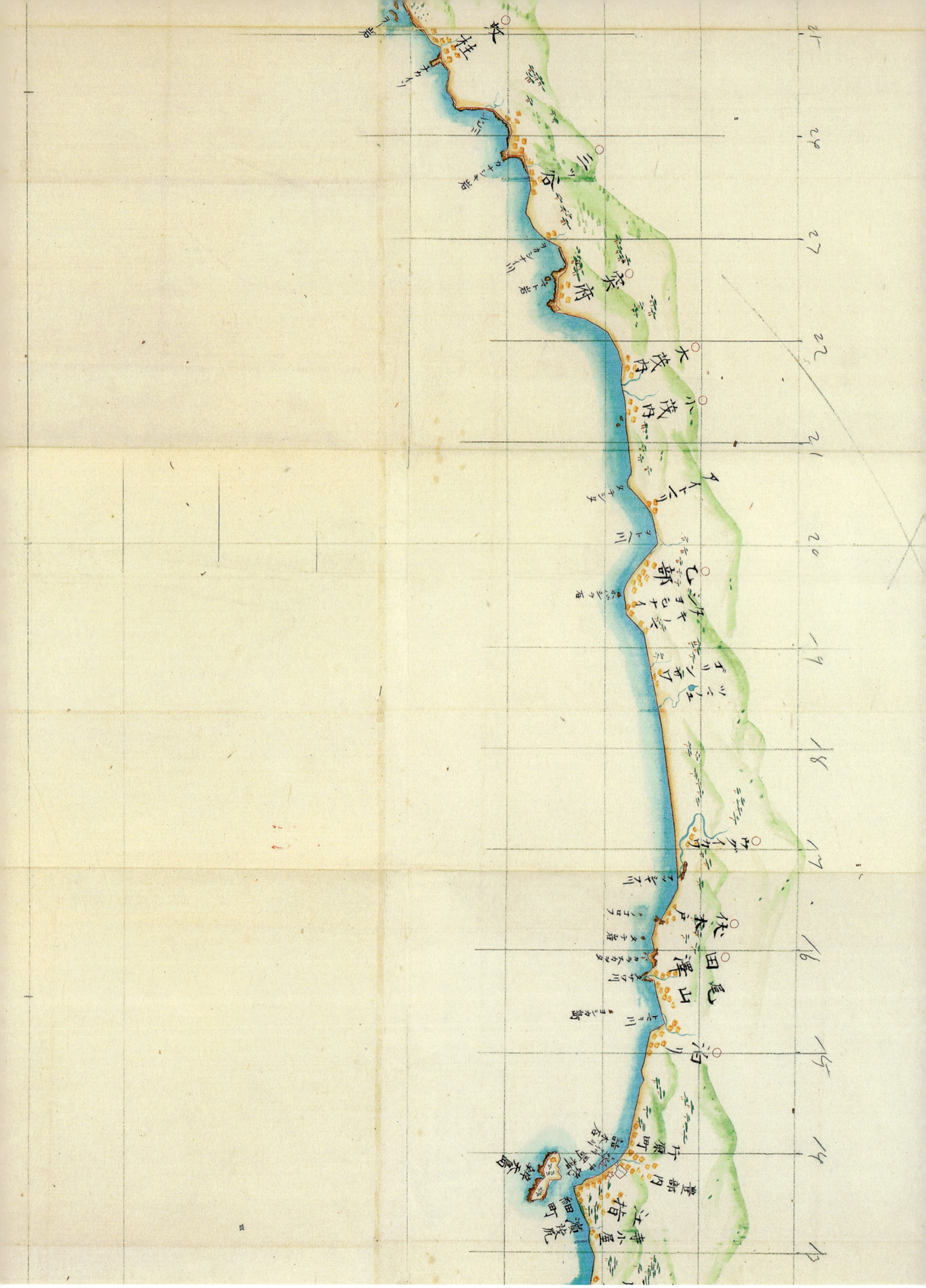

第34号　江差（2）

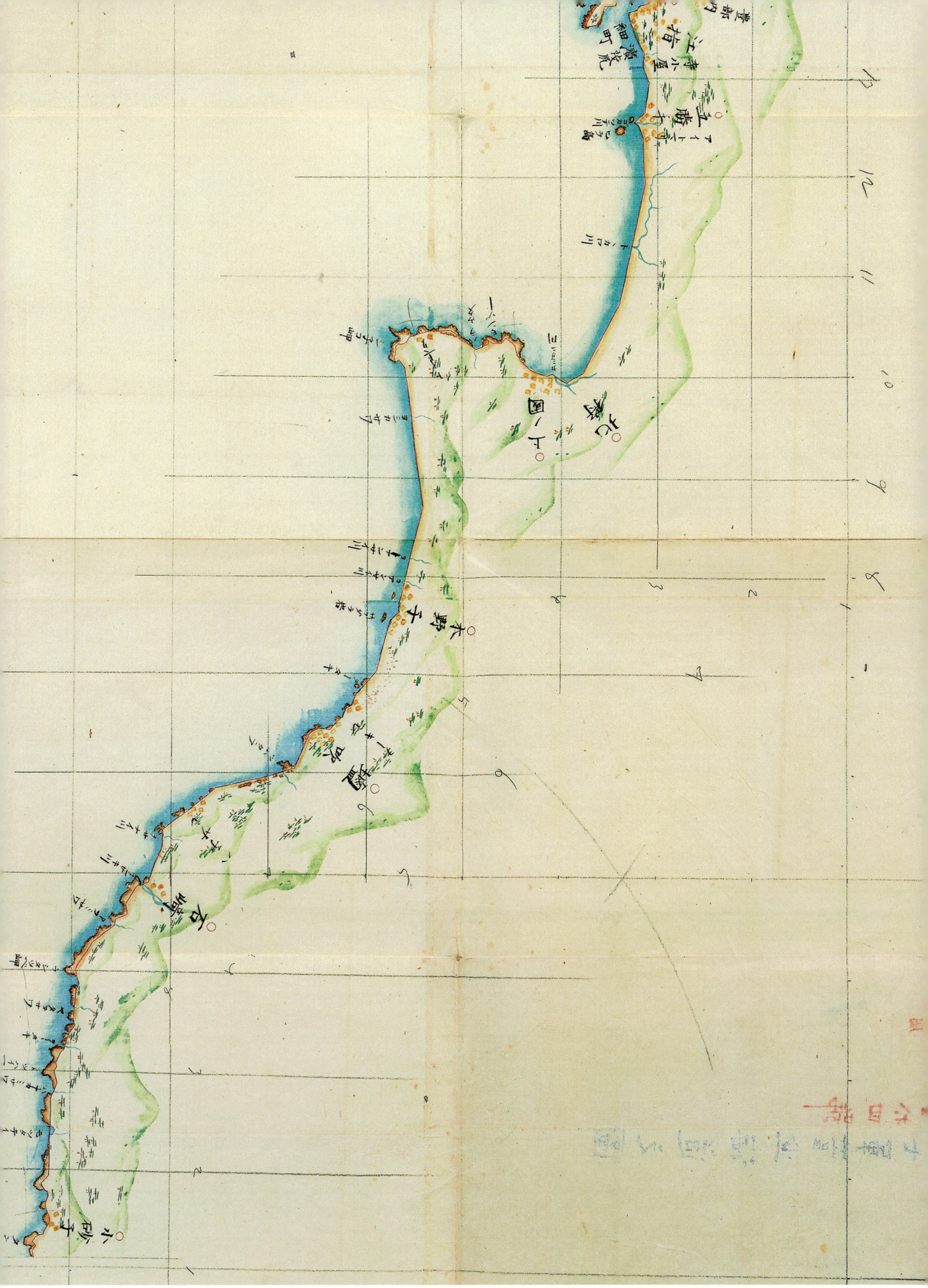

118
119
124

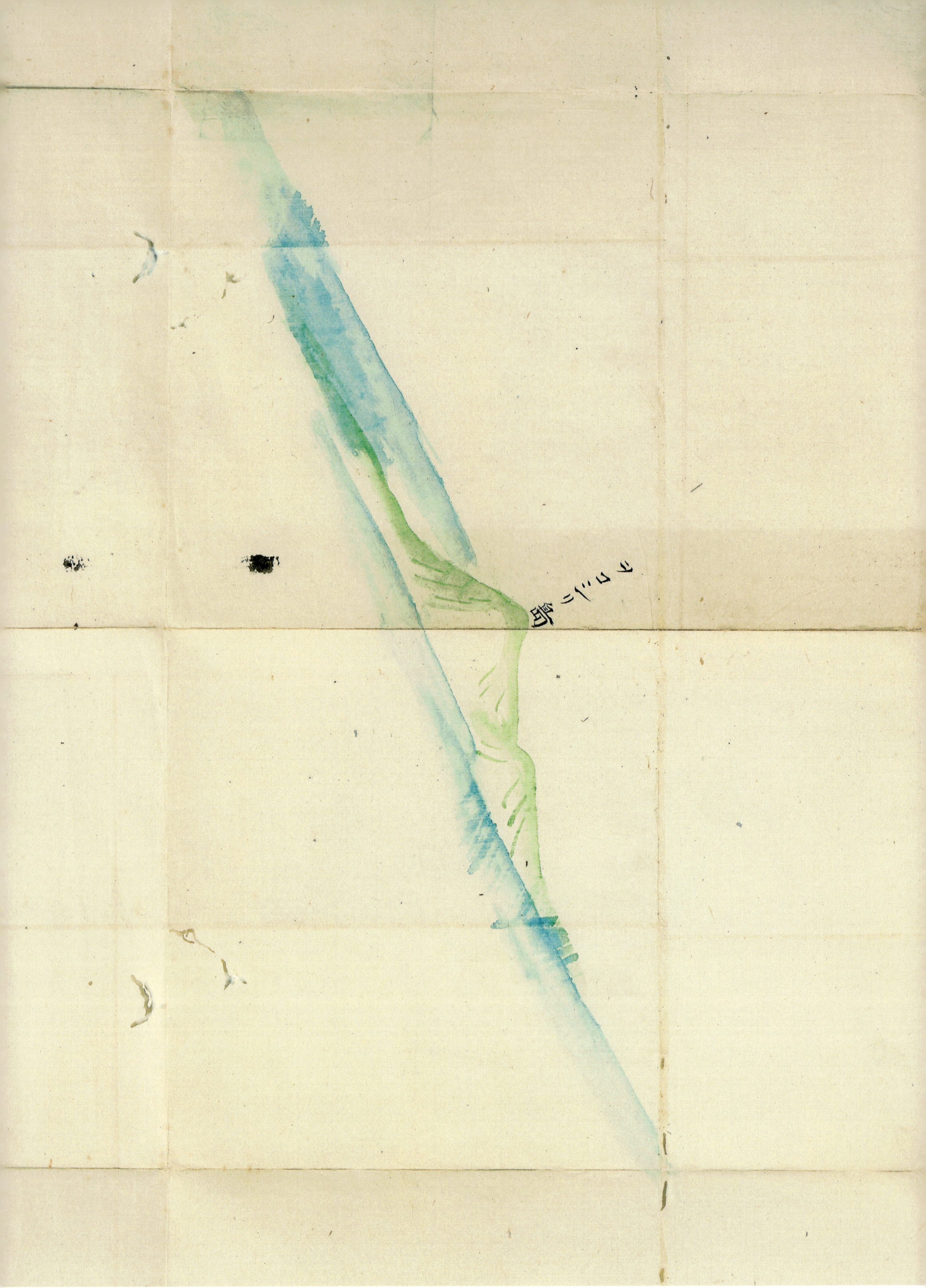
ヲコシリ島

シリウチ
コロナイ川
クロ岩

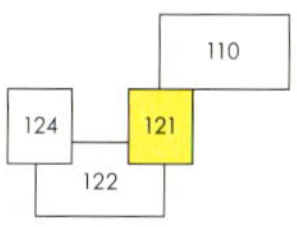
110
124
121
122

福島
白符
宮野歌
吉岡

センケン山
松前
上及部
下及部
七面山
地蔵山
大澤
根森
荒谷
札前
根部田
赤神
惣社堂
博奕石
東下風
湯殿沢
唐津内
福山
馬形
泊川
枝ヶ崎
戸良目木
弁天
シラカミ岬

第36号　**松前**（2）

原口
江良町
清部
茂草
赤神
札前

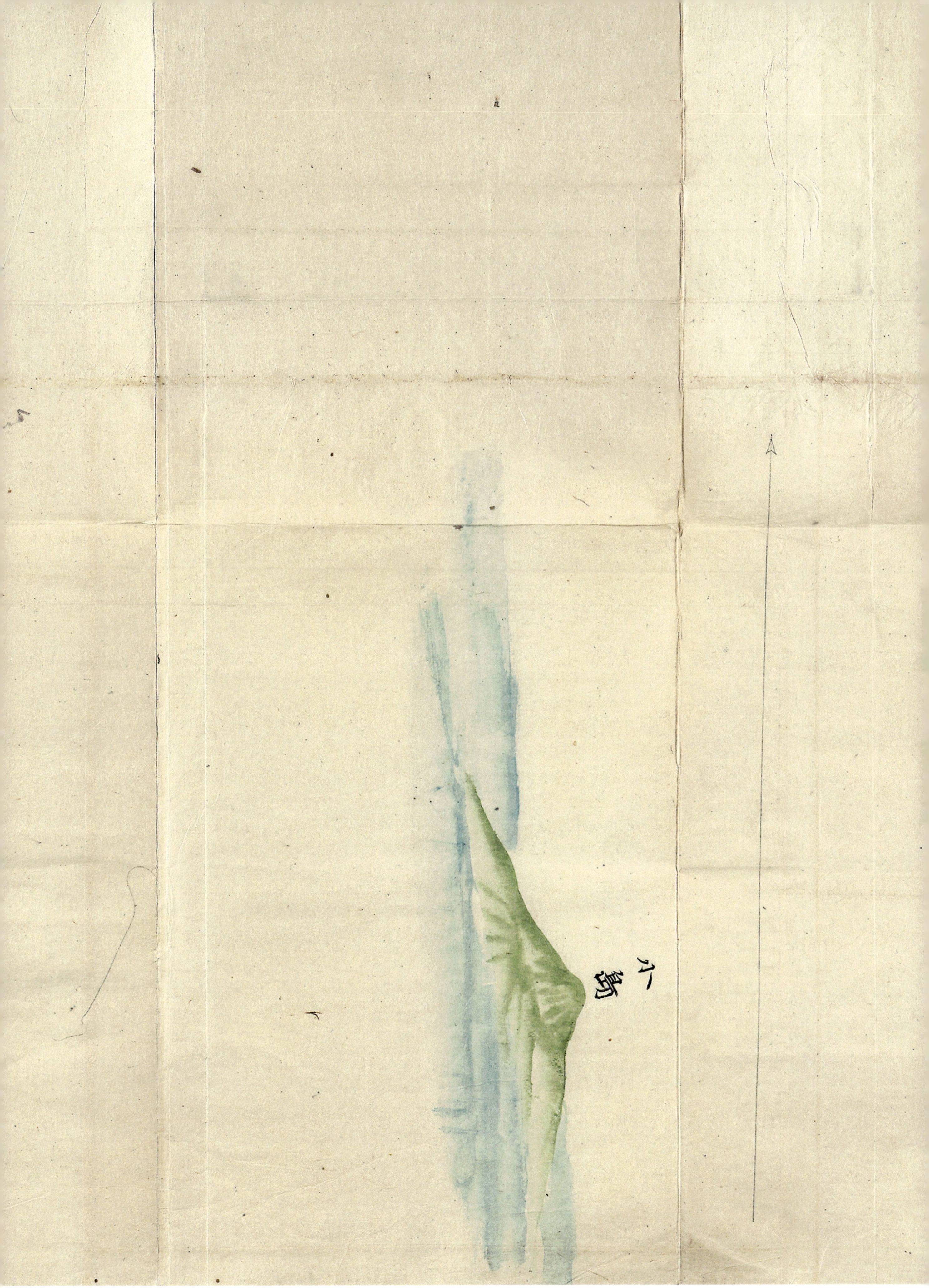

第37号　渡島大島（1）

第37号　渡島大島（2）

車力村
牛潟村
筒木坂村
舘岡村
濱中村
出来島村
北浮田村

権現岬
小泊

権現崎
小泊
脇本村
磯松村
相内村
十三潟
十三
富萢村
車力村

牛滝村
焼山
脇沢村 源藤城
脇沢村 片貝
脇沢村 滝山
脇澤村
脇沢村 新井田
脇沢村 寄浪
脇沢村 蛸田
脇沢村 九艘泊
辨天島
小澤村
蠣崎村
宿野部村
檜川村

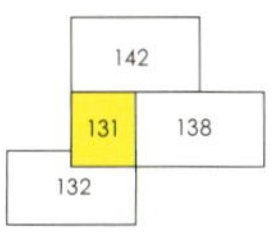
142
131
138
132

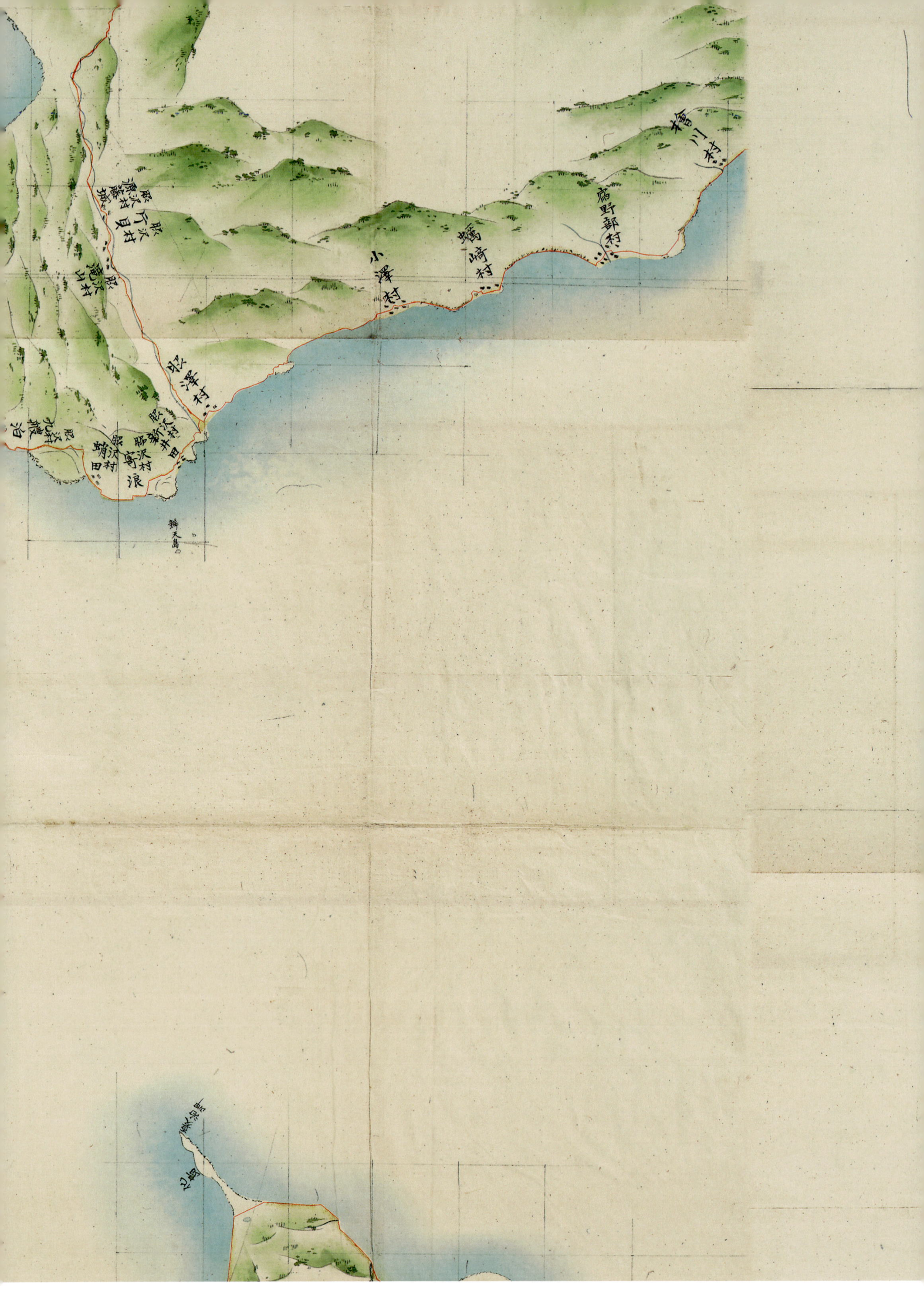
檜川村
宿野部村
蠣崎村
小澤村
脇沢村 源藤城
脇沢村 片貝
脇沢村 滝山
脇澤村
脇沢村 新井田
脇沢村 寄浪
脇沢村 蛸田
脇沢村 九艘泊
弁天島

石崎村
平舘
根岸村
野田村
今津村
二ツ家村
深泊村
石濱村
中師村
蟹田
瀬部地村

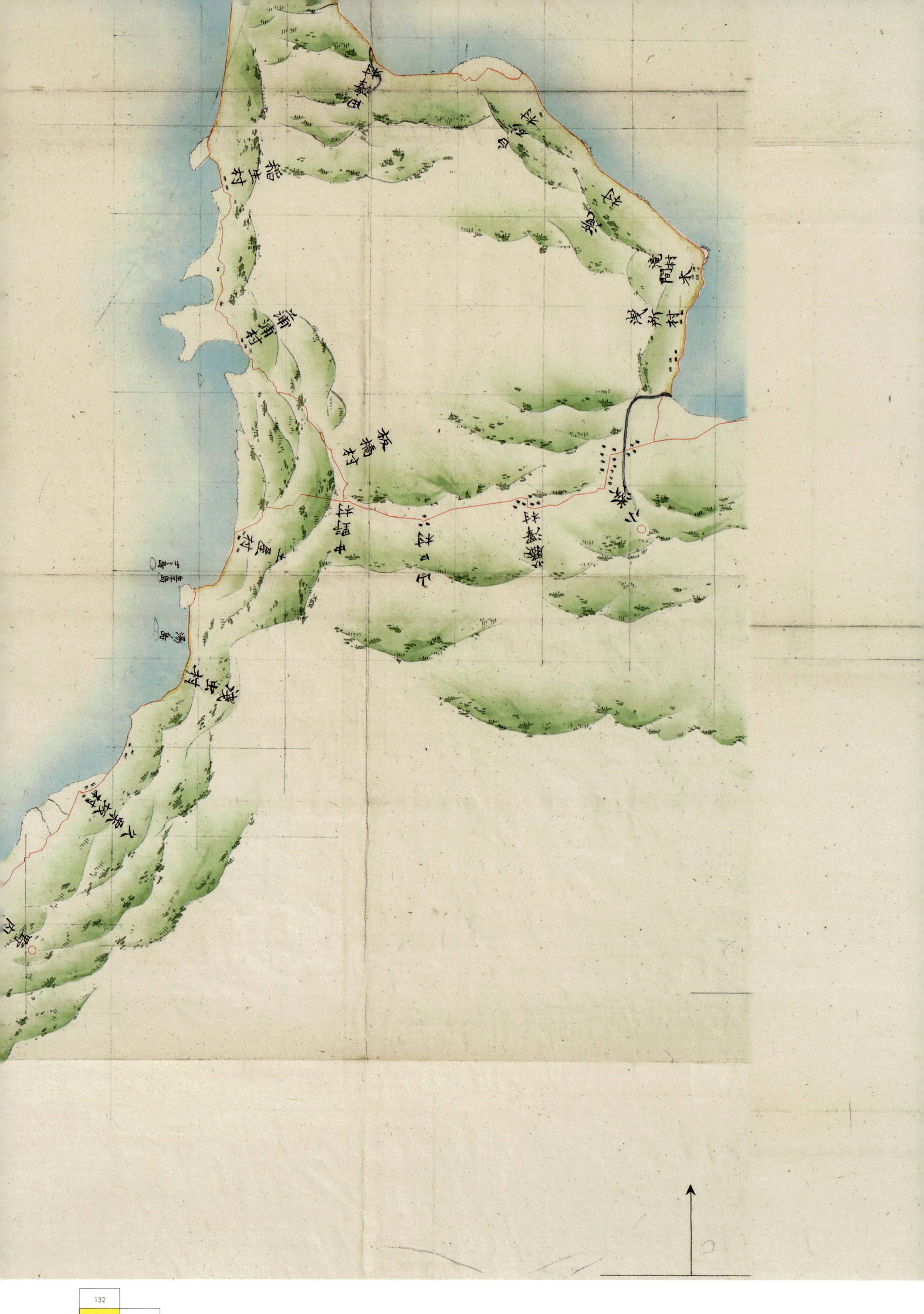

132
134
136
144

 第39号　青森（3）

尾駮村
平沼村
倉内沼

第40号　野辺地（1）

131 138 132 140 134 136

蒲山村
田名部
田名部町 金谷
釜臥山
大平村
安渡村
安渡村 川守
安渡村 宇田
城ヶ澤村
角違
川内村
川内村 葛沢
川内村 田之沢

第40号　野辺地（2）

有畑村
鶴澤村
大豆田村
椿村
横濵村
百目木村
引越村
白糠村
泊村
出戸村
尾駮村
有戸

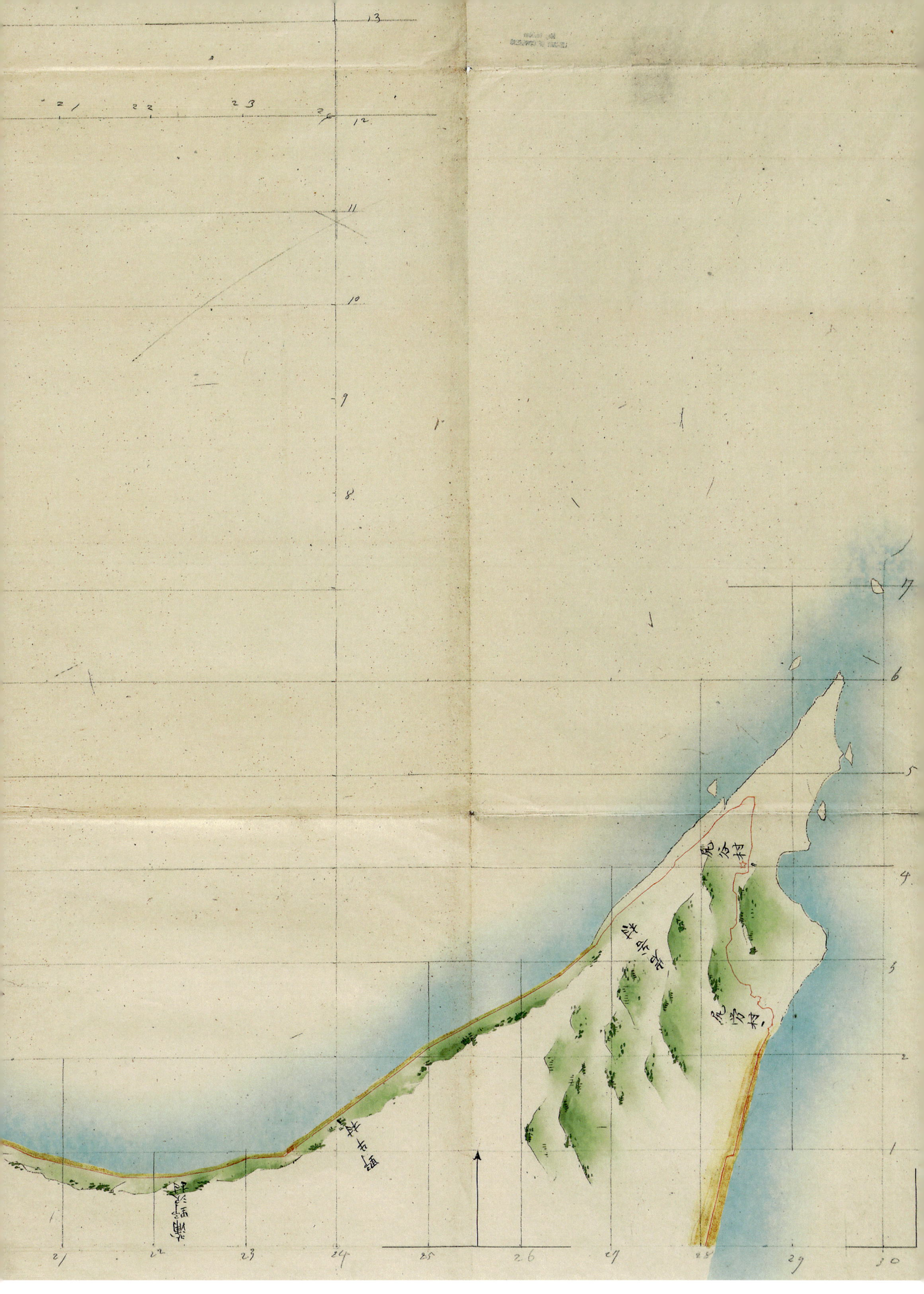

第41号　大間（1）

142
141
138

11
12
13
14
15
16
17
18
19
20
関根村

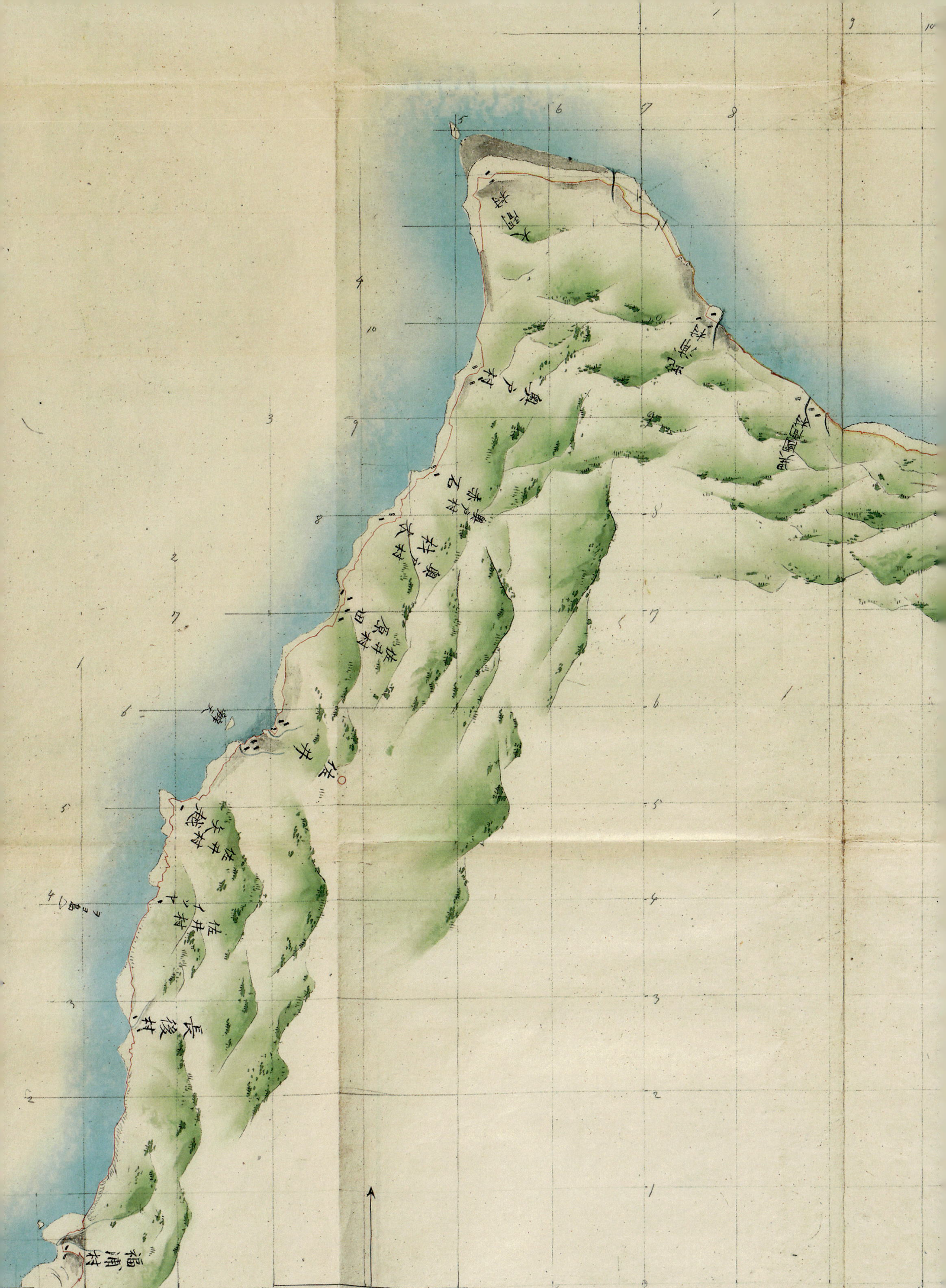

 第41号　大間（2）

八甲田山

小栗山村
松木平村
大澤村
石川村
八幡舘村
宿河原村
大鰐村
蔵舘村
長峯村
唐牛村
被木村
碇関
矢立峠
陸奥国津軽郡
出羽国秋田郡
長走村
陳場平
長走村
陸奥
四十三

 第43号　弘前（1）

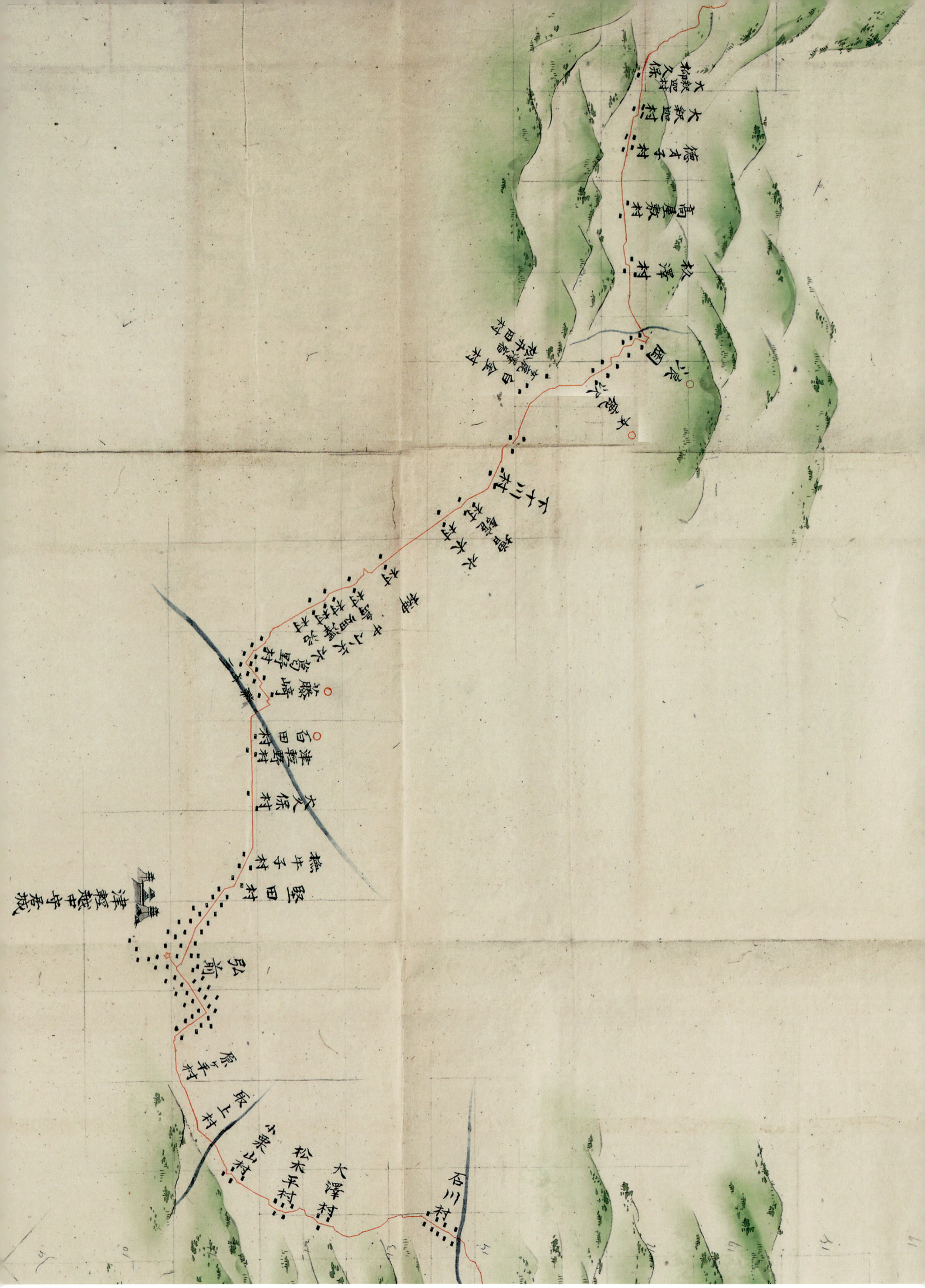

127
202 146 144
145

147　第43号　弘前（2）

136
144 148
150

　第44号　八戸（1）

144
148
150
152
166

第44号　八戸（2）

種市村
八木
三戸郡
九戸郡
小子内村
有家村
中野村
侍濵村
本波村
麦生村
久慈湊
二子村
大尻村
野田村
久喜浦

野田村久喜浦
野田村
野田村玉川
九戸郡
閉伊郡
堀内村
普代村
太田名部村
黒崎村

第46号　宮古（1）

第46号　宮古（2）

第46号　宮古（3）

156
158 157
159

第47号　釜石（1）

158 157
159
160

唐丹村
大石濱
吉濱村
根白濱
越喜来村
松﨑濱
綾里村
石濱
綾里村
白濱
綾里村
湊濱
赤﨑村
大船渡村
上濱
大船渡村
下濱
末崎村
細浦
小細浦
末崎村
門濱
末崎村
泊濱

第47号　釜石（2）

第47号　釜石（3）

津谷村
伊里前町
清水濱
荒戸濱
平磯
折立村

本吉郡
桃生郡
追波濱
吉濱
月濱
北上川
立神濱
長塩屋濱
白濱
小室濱
大室濱
小泊濱
相川濱
小指濱
大指濱
小滝濱
長面濱
雄勝濱
明神濱
小島濱
大濱
立濱
熊澤濱
桑濱
水濱
分濱
桃生郡
牡鹿郡
大原濱
指ヶ濱
御前濱
出島
尾浦
竹浦
桐ヶ崎
石濱
女川濱
中ノ島
北上川
石巻村
湊村

御前濱
出島
石濱
宮崎
桐ヶ崎
竹浦
尾浦
横浦
鮫浦
谷川濱
大谷川濱
小積濱
荻濱
侍濱
福貴浦
小網倉濱
給分濱
小渕浦
大原濱
十八成濱
鮎川濱
新山濱
金花山

第48号　石巻（3）

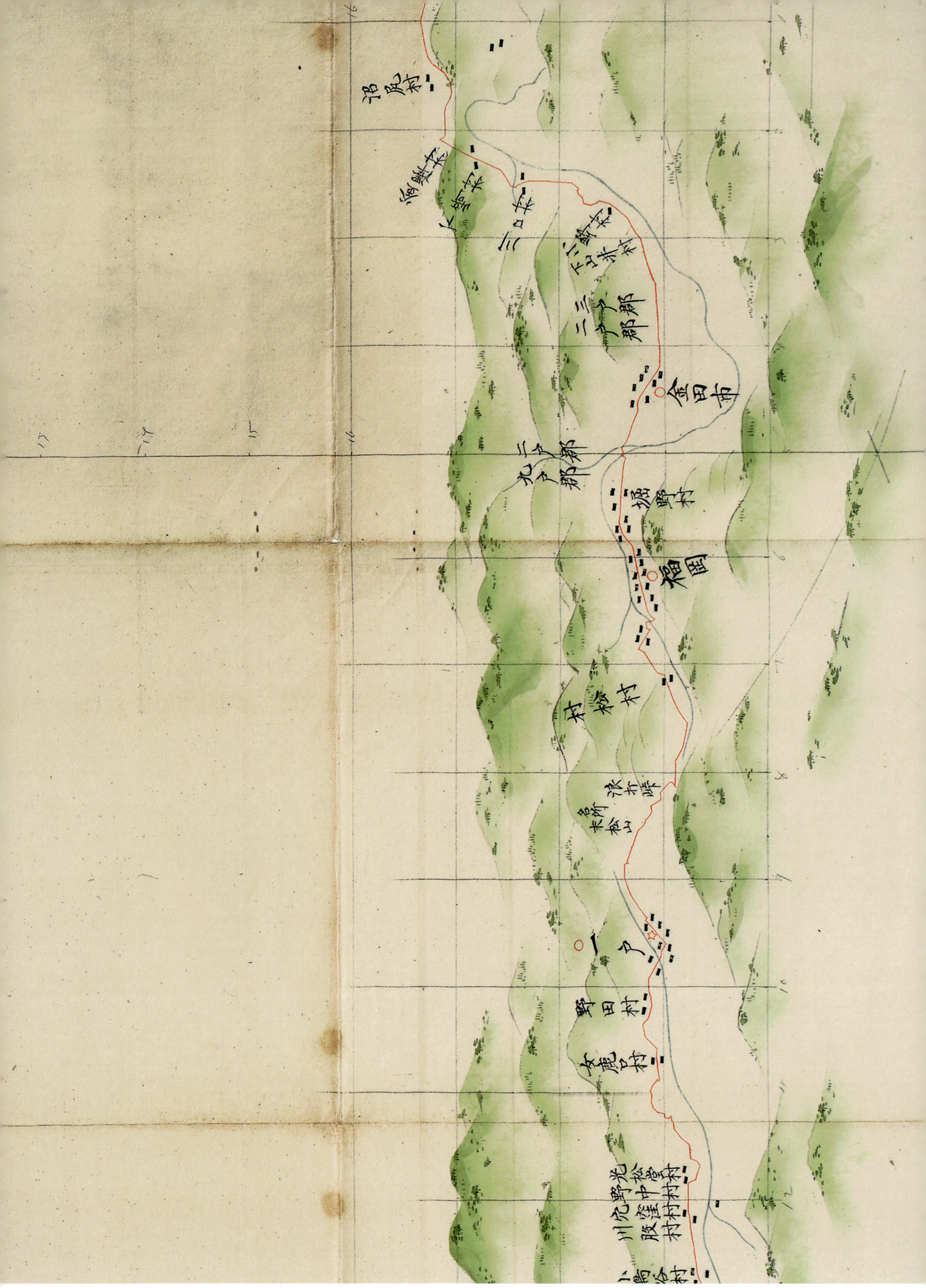
沼尻村
二戸郡
九戸郡
金田市
堀野村
福岡
一戸
野田村

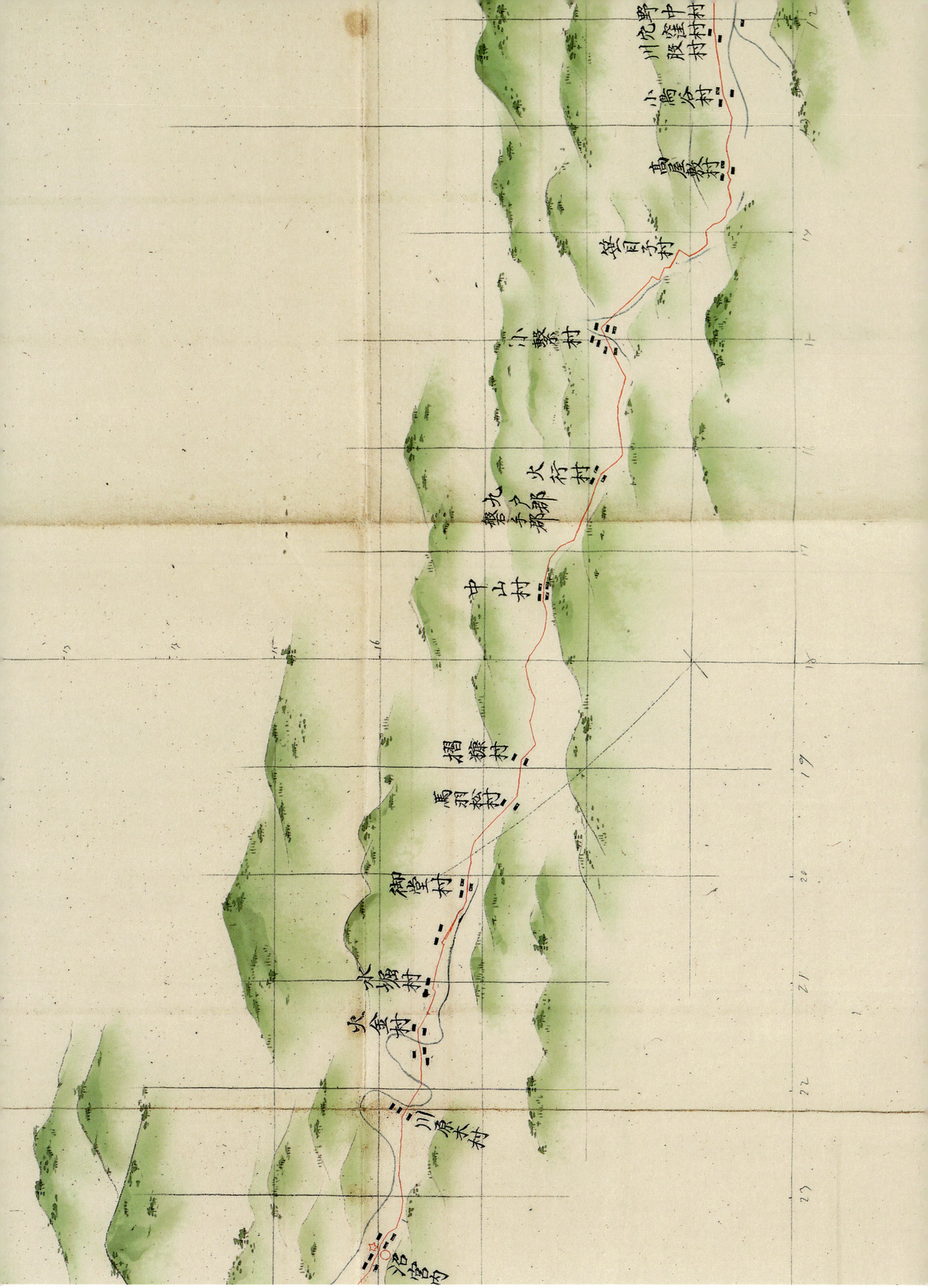
川股村
小鳥谷村
高屋敷村
小繋村
火行村
九戸郡
中山村
摺糠村
馬羽松村
御堂村
川原木村

柳平村
川口村
堺田村

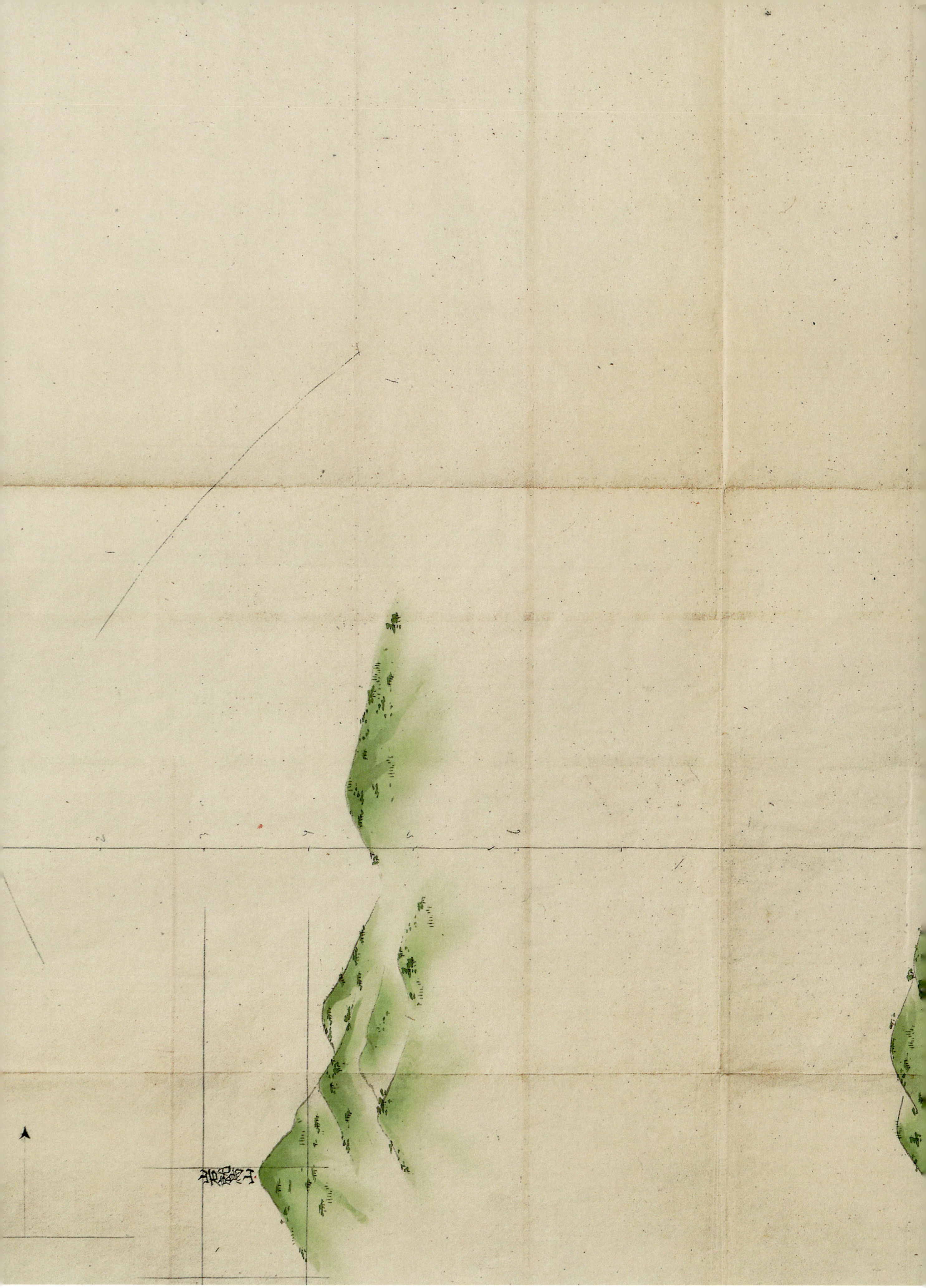

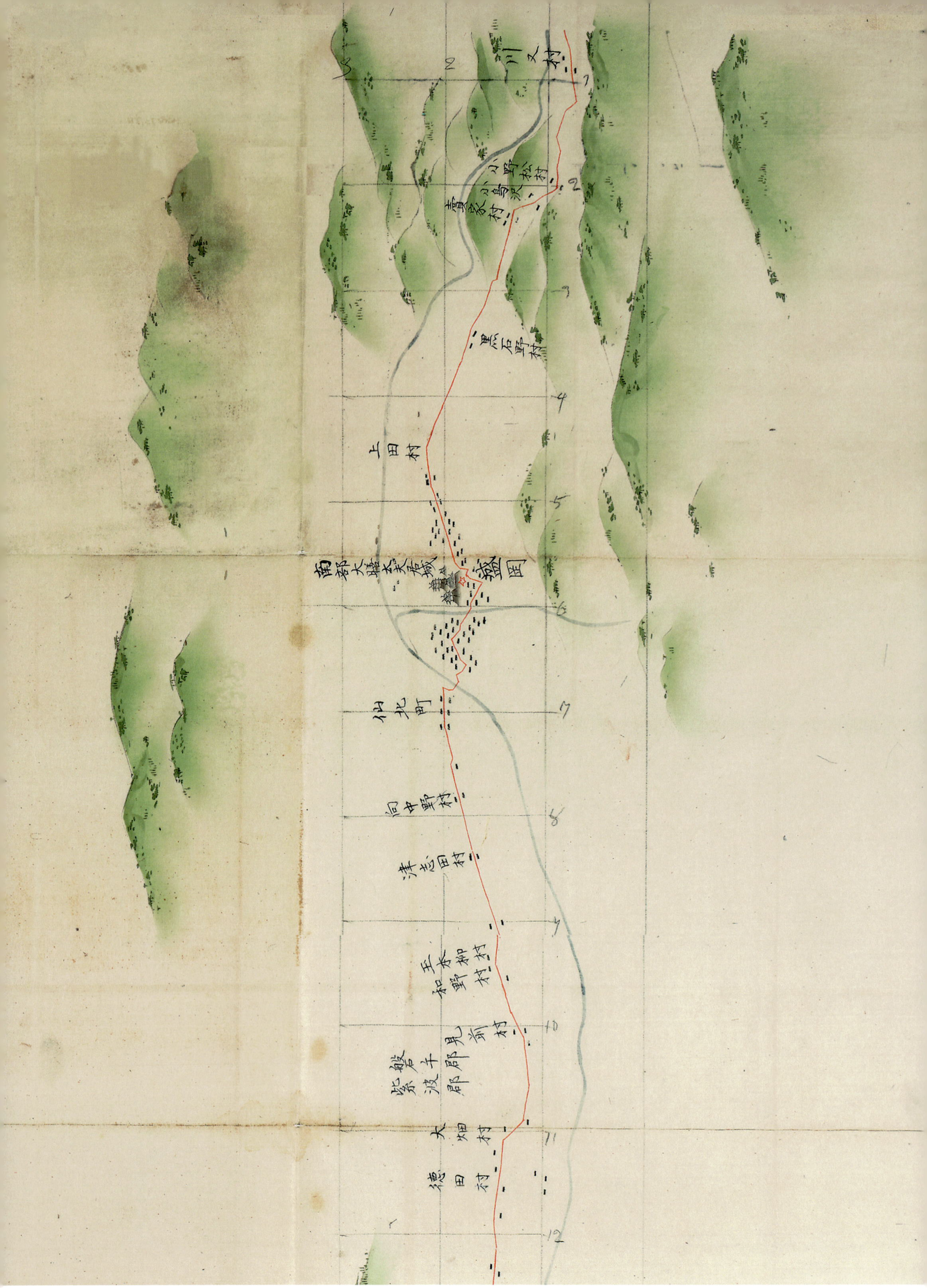
川又村
小野松村
小鳥沢村
黒石野村
上田村
南部大膳大夫居城
盛岡
仙北町
向中野村
津志田村
三本柳村
見前新村
大畑村
徳田村

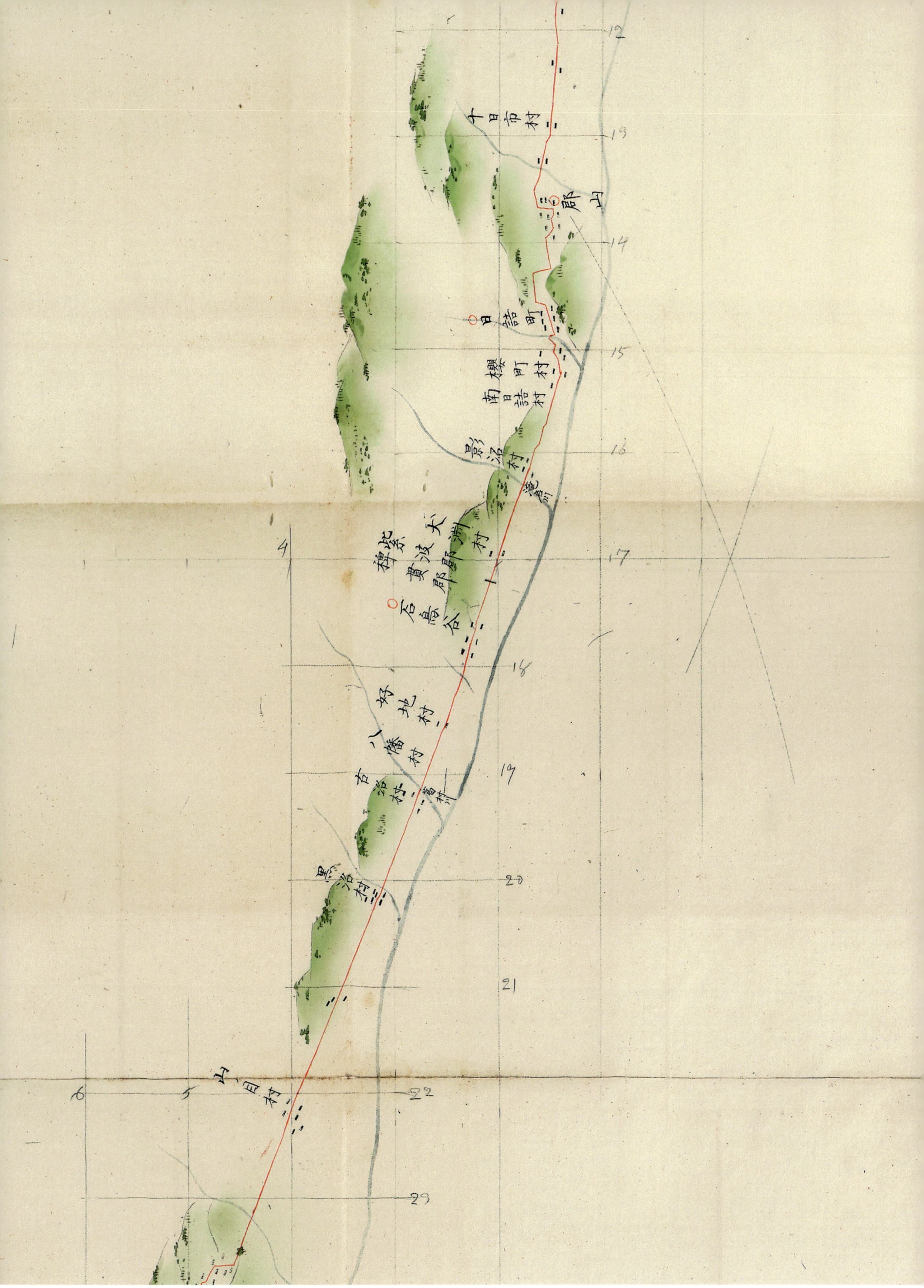

第50号 盛岡（2）

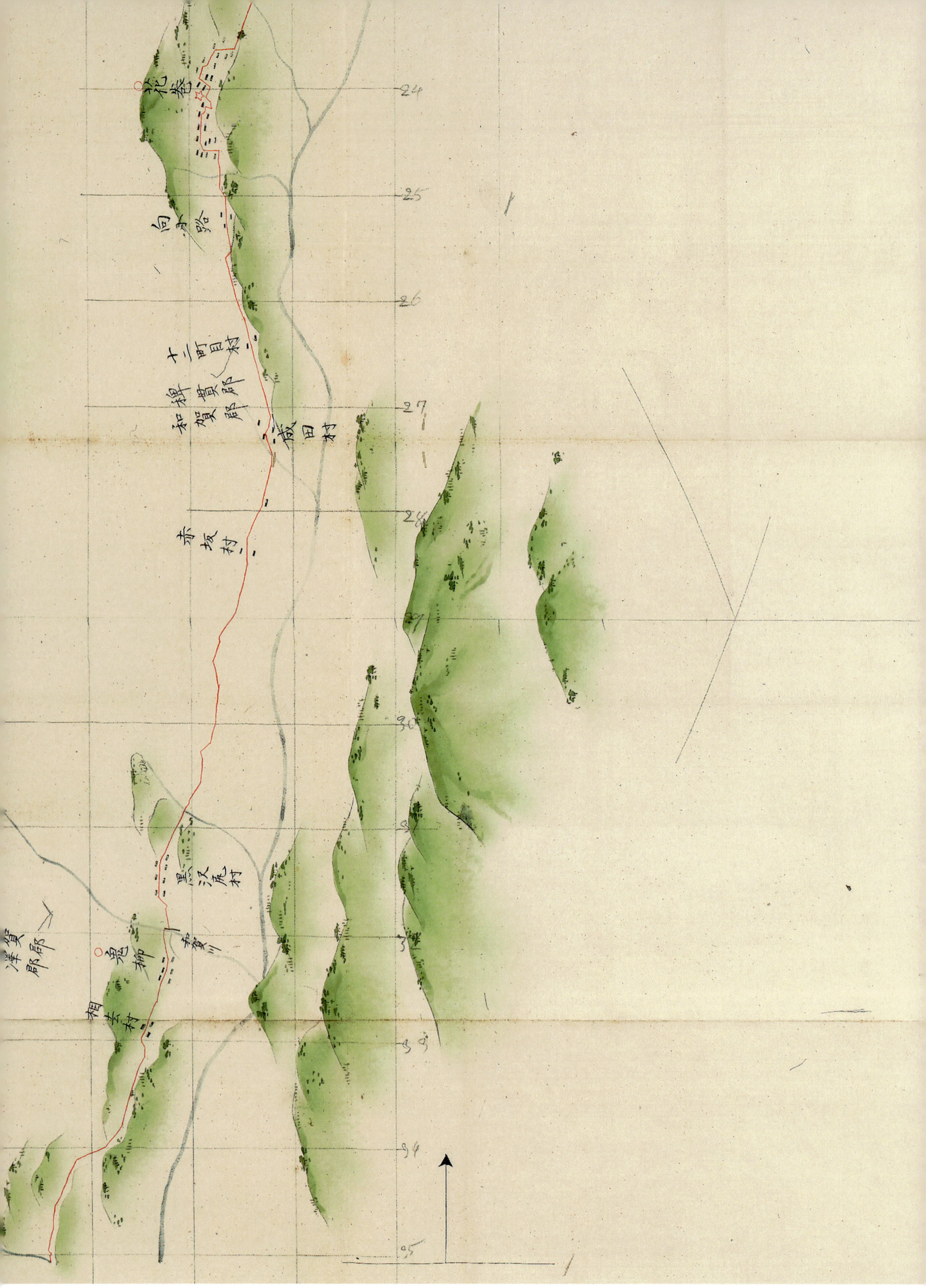
花巻
向小路
十二町目村
稗貫郡
和賀郡
成田村
赤坂村
黒沢尻村
和賀川
鬼柳
相去村
24
25
26
27
28
29
30
34
35

 第50号　盛岡（3）

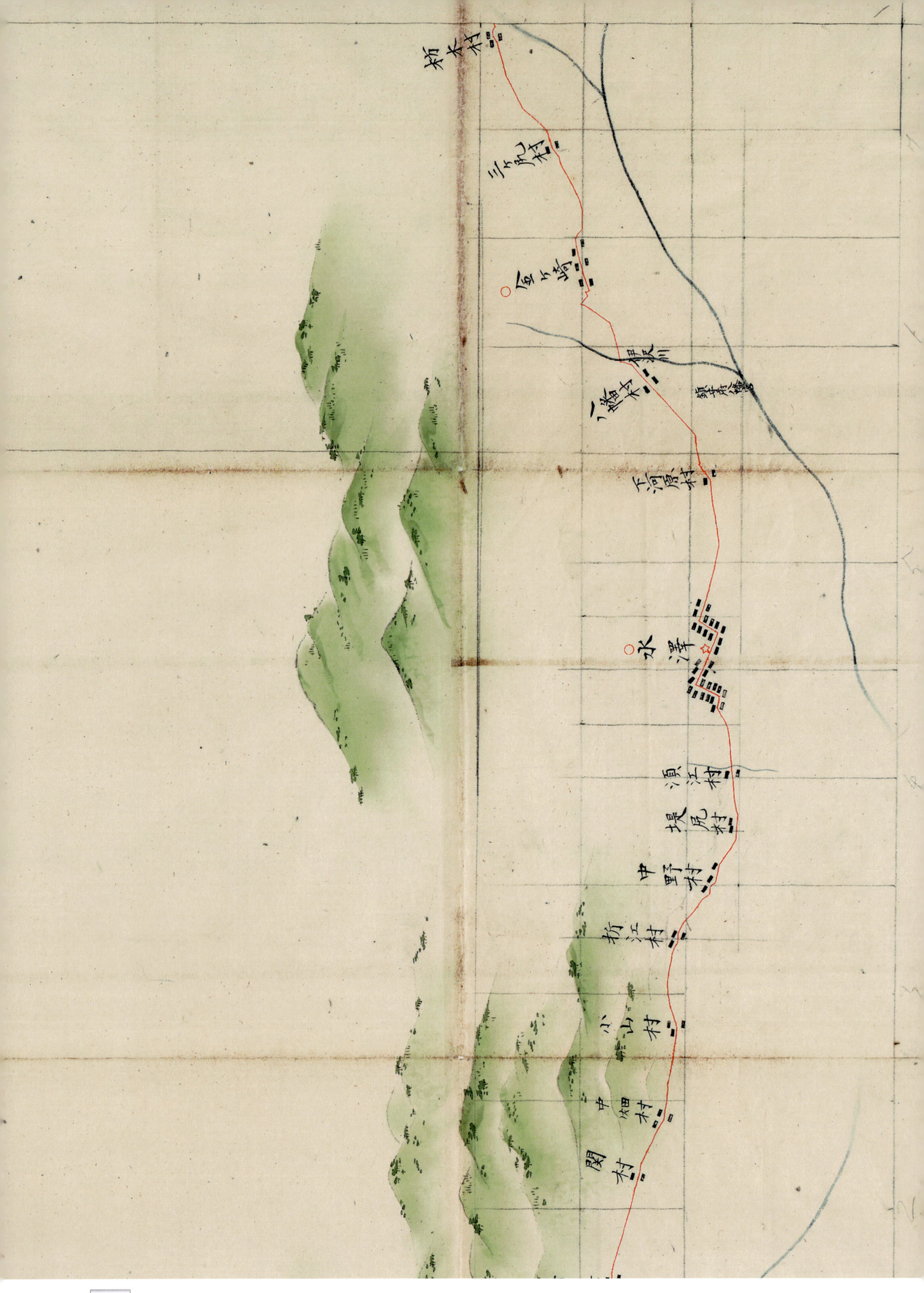
下河原村
水沢
中野村
小山村
中畑村
関村

第51号　一関（1）

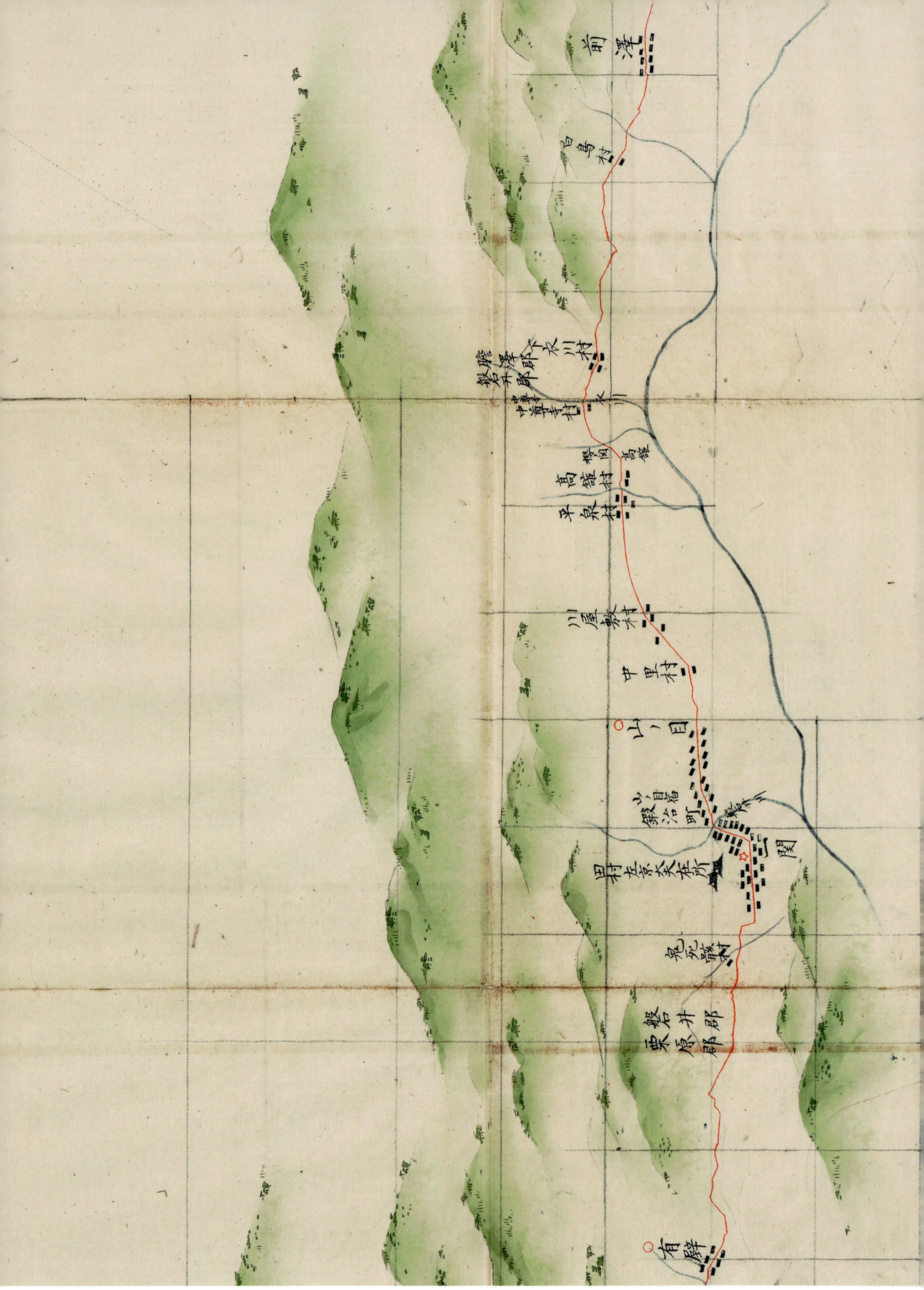
前澤
白鳥村
下衣川村
衣川
膽澤郡
磐井郡
中尊寺村
高舘村
平泉村
川原敷村
中里村
山ノ目
山ノ目宿
鍛冶町
田村左京大夫在所
一関
鬼死骸村
磐井郡
栗原郡
有壁

 第51号　一関（2）

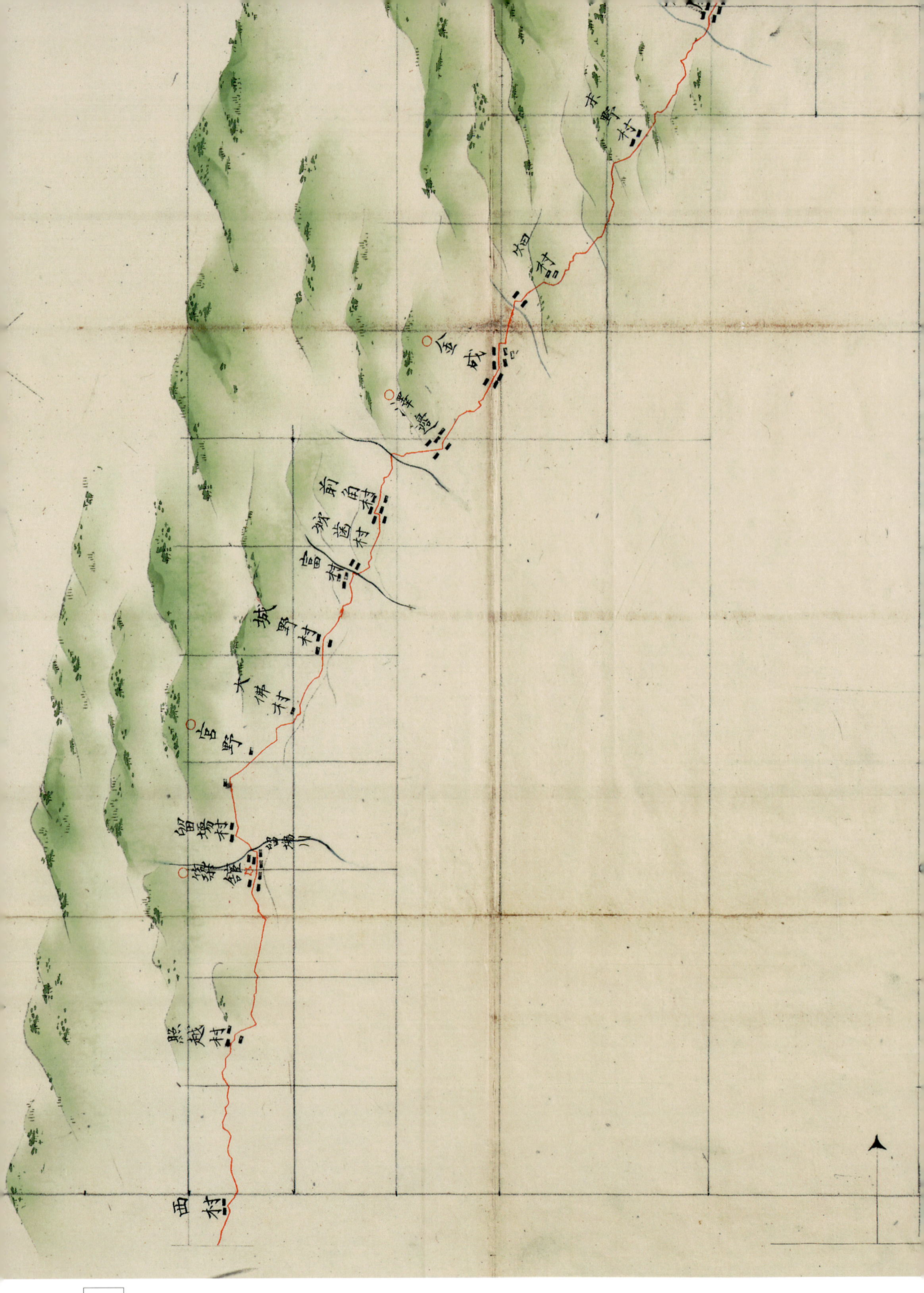
末野村
畑村
金成
沢辺
姉歯村
富村
城生野村
大林村
宮野
留場村
築館
照越村
西村

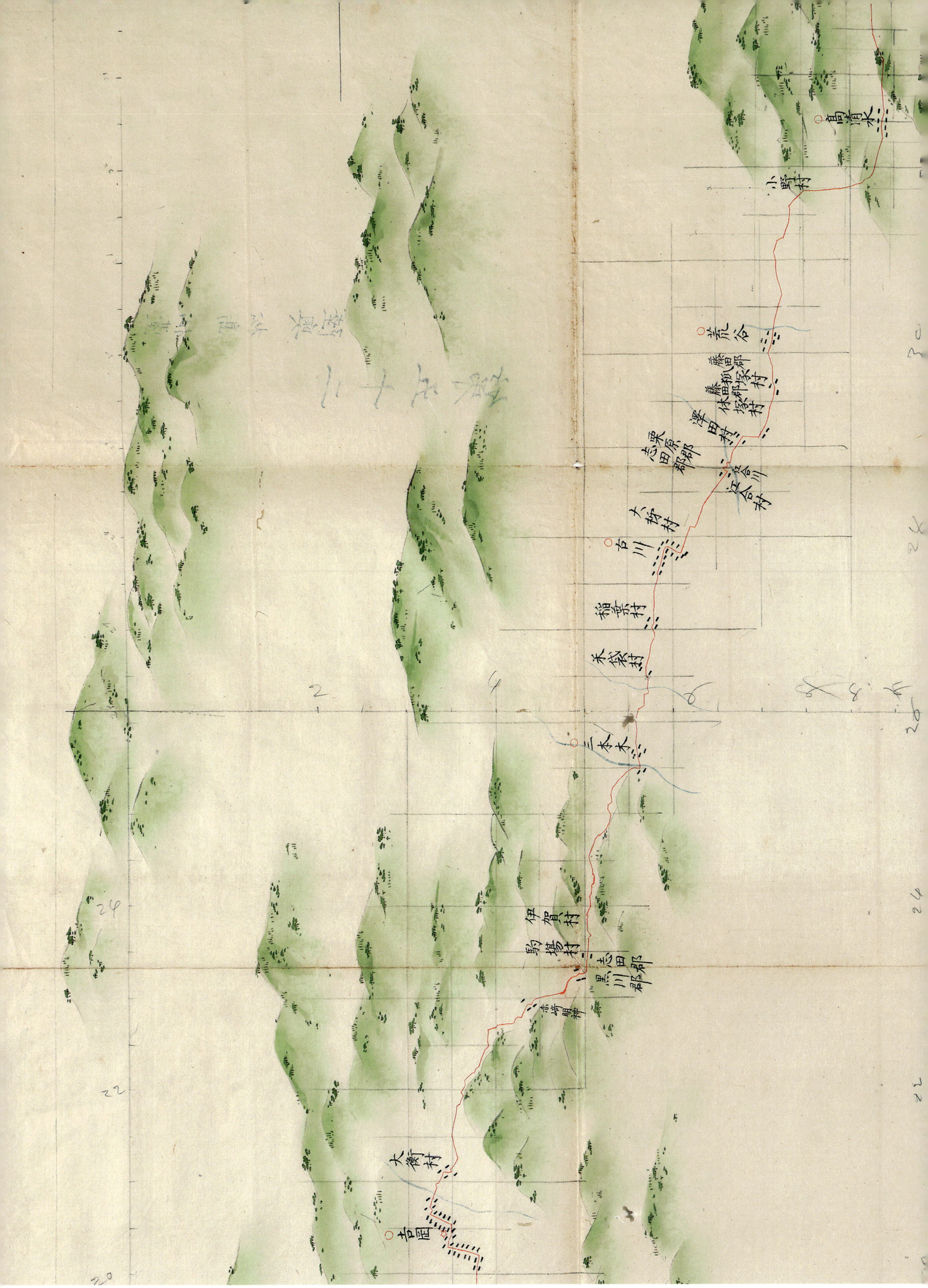

 第52号 仙台（1）

178
179
180

桃生郡
宮城郡
富山
三浦
手樽村
手樽村
大塚濱
野蒜村
亀岡
濱市村
牛綱村
大木村
東名濱
松島村
高城村
磯崎村
塩竈村
花渕村
吉田濱
湊濱
菖蒲田濱
馬放島
桂島

吉岡
新田
富谷新町
富谷村
黒川郡
宮城郡
七北田
仙臺
松平陸奥守居城
宮城郡
名取郡
長町
廣瀬川

蒲生川
仙臺
松平政千代居城
宮城郡
名取郡
長町
廣瀬川
新濱
荒濱
大野田村
名取川
中田
前田村
上余田村
宮城郡
名取郡
井土濱
増田
藤塚濱
飯野坂村
閖上濱
植松村
名取川
本郷村
北釜濱
岩沼
下之郷村
相野釜濱

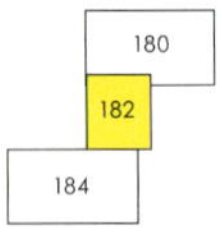

180
182
184

花釜濱
笠野濱
新濱
中濱
中濱
亘理郡
宇多郡
釣師濱
原釜村
中村
相馬因幡守居城
松川

南
名取郡
柴田郡
南長谷村
槻木
入間野村
白石川
阿武隈川
下郷村
二ッ倉濱
長谷倉濱
蒲庭濱
荒濱
稲根田濱
亘理郡
大畑濱
吉田濱
荒濱
笠野濱
新濱
中濱
磯濱

大河原
金ケ瀬
柴田郡
刈田郡
白石川
松平政千代持城
白石
中ノ目村
中斎川村
斎川
平村
越河
伊達郡
刈田郡
貝田
大久保村
原町

 第53号 白石（2）

中斎川村
斎川
越河
刈田郡
伊達郡
貝田
藤田
北半田村
南半田村
桑折
長倉村
伊達郡
信夫郡
瀬上
摺上川

第54号　原町（1）

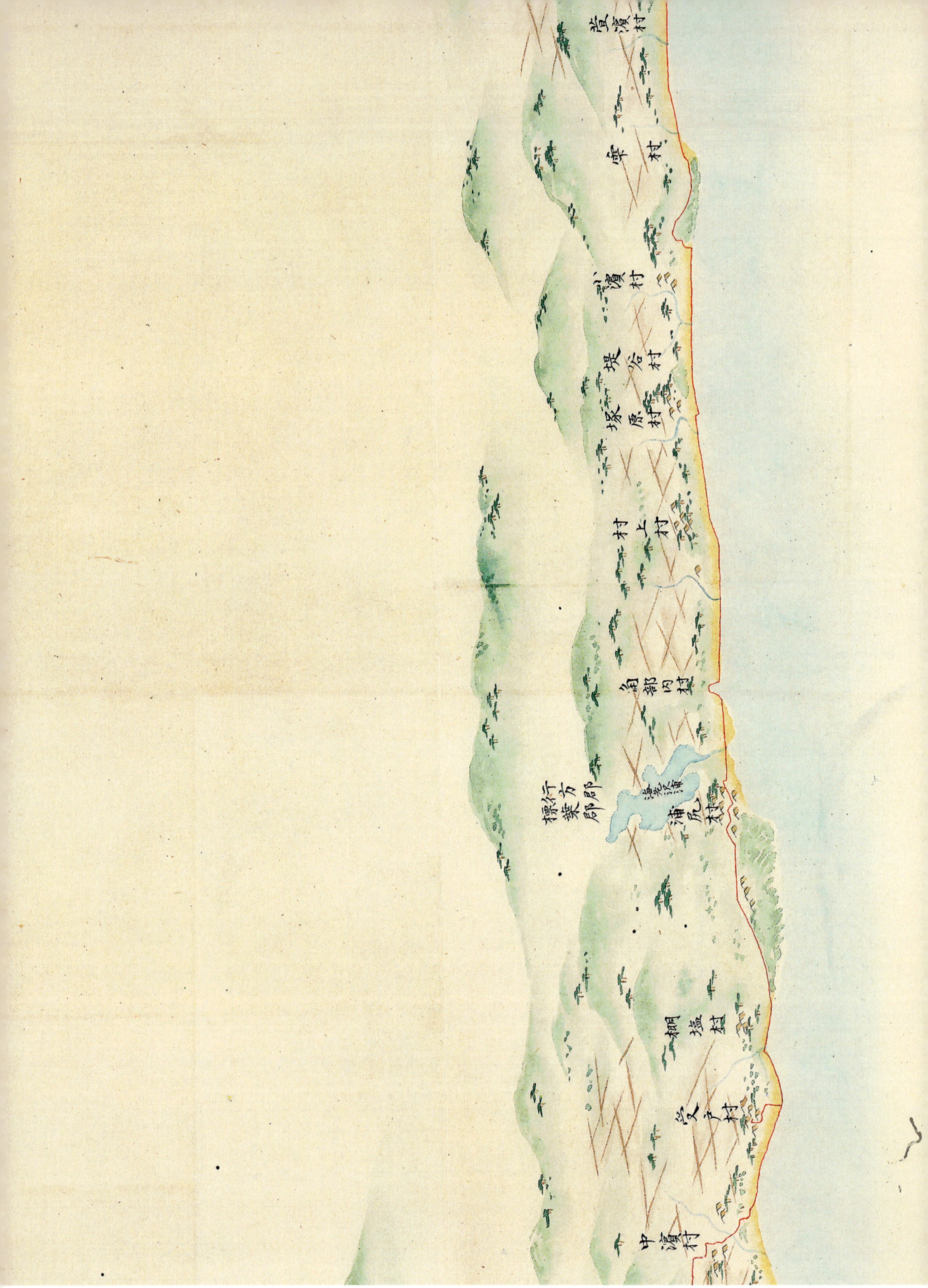
北萱濱村
雫村
小濱村
堤谷村
塚原村
村上村
角部内村
行方郡
標葉郡
浦尻村
棚塩村
請戸村
中濱村

第54号　原町（3）

南
波倉村
井出村
北田村
前原村
山田濱村
下北迫村
下淺見川村
折木村
末續村
金ヶ澤村
久之濱村
田之網村
四倉村
上仁井田村
下仁井田村
御狩所

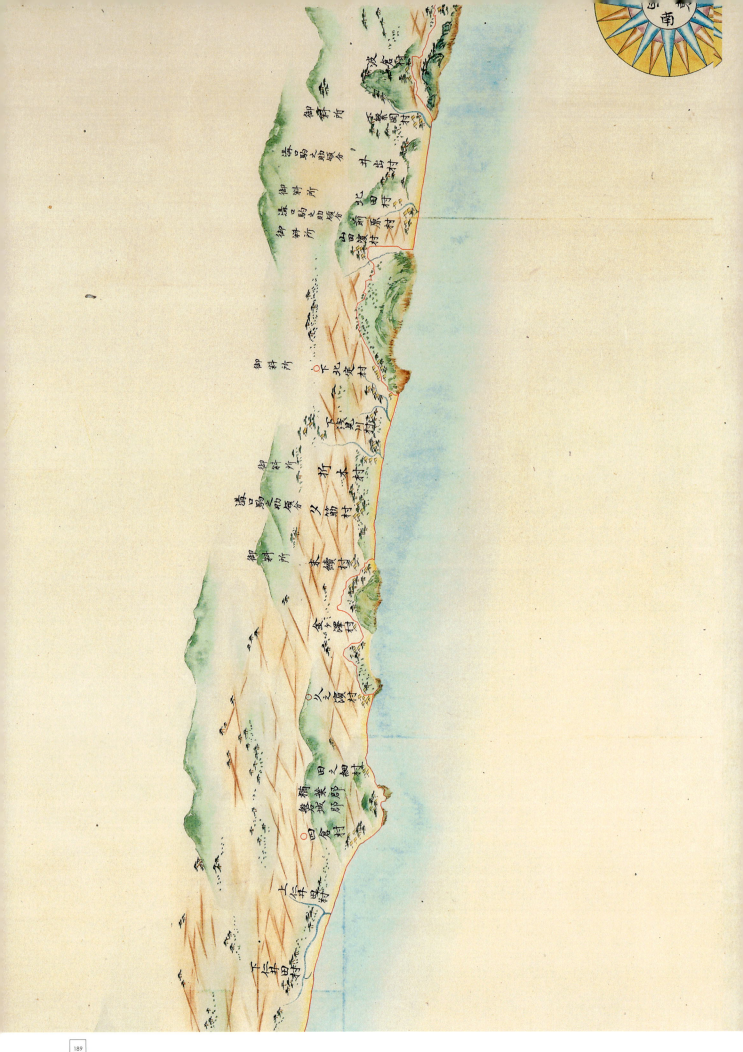

赤井岳
湯岳
上仁井田村
下仁井田村
下神谷村
磐城郡
磐前郡
下大越村
藤間村
御料所
沼之内村
薄磯村
豊間村
江名村
中之作村
永崎村
小名濱
米野村
中島村
中町村
西町村
菊田郡
磐前郡

191
192
196

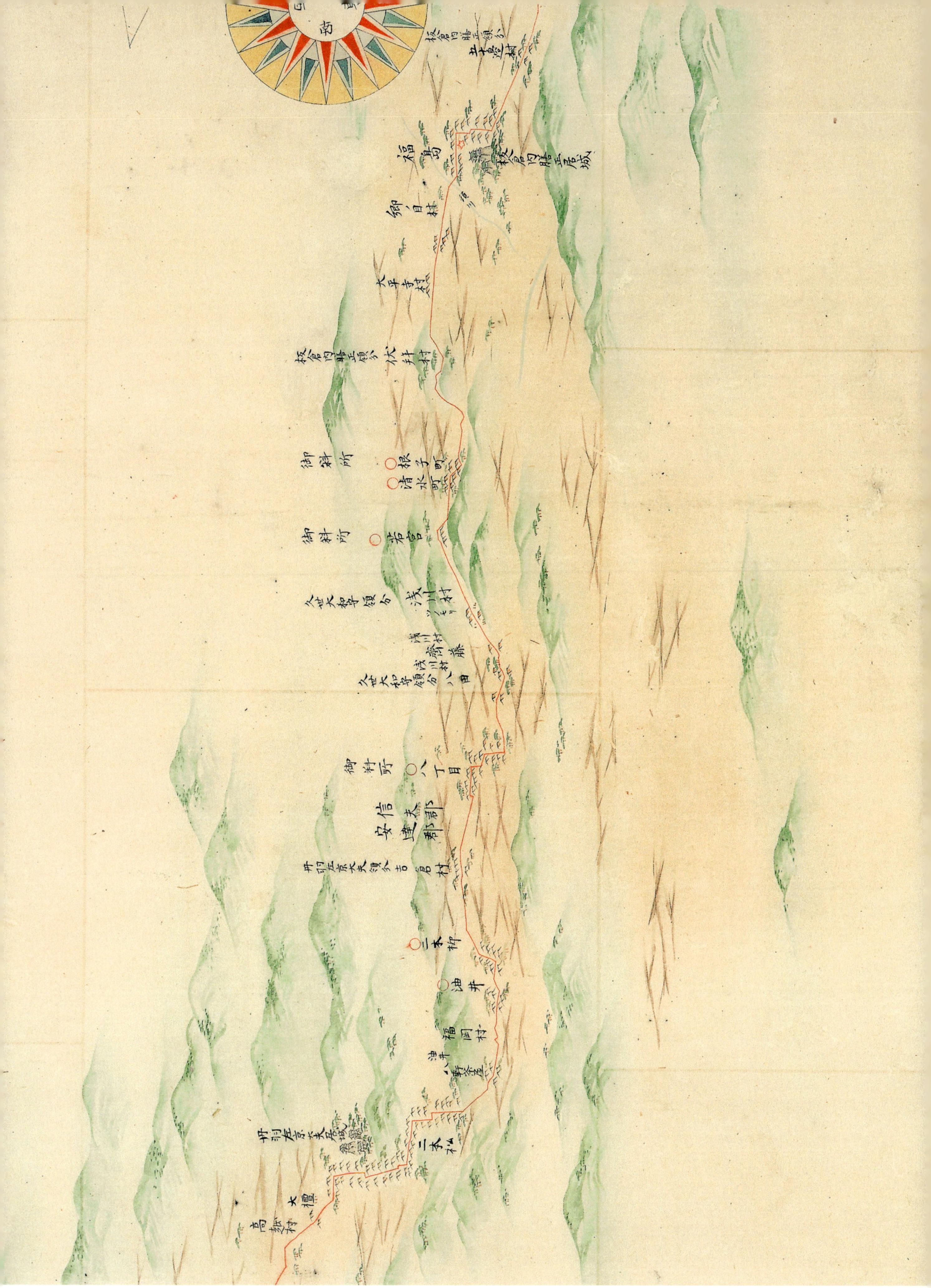

第56号　福島（1）

186
193
194

郡山
久保田村
福原
日和田
安積郡
安達郡
本宮
南杉田
北杉田
東

東
久保田村
郡山
小原田
日出山
笹川
安積郡
岩瀬郡
十貫地村
滑川村
下宿村
中宿村
須賀川
鏡沼村
岩瀬郡
石川郡
笠石

高戸村
高萩村
安良川村
伊志町村
伊志濱村
川尻村
折笠村
小木津村
田尻村
滑川村
宮田村
助川村
會瀬村
河原子村
カミネ山
高鈴山

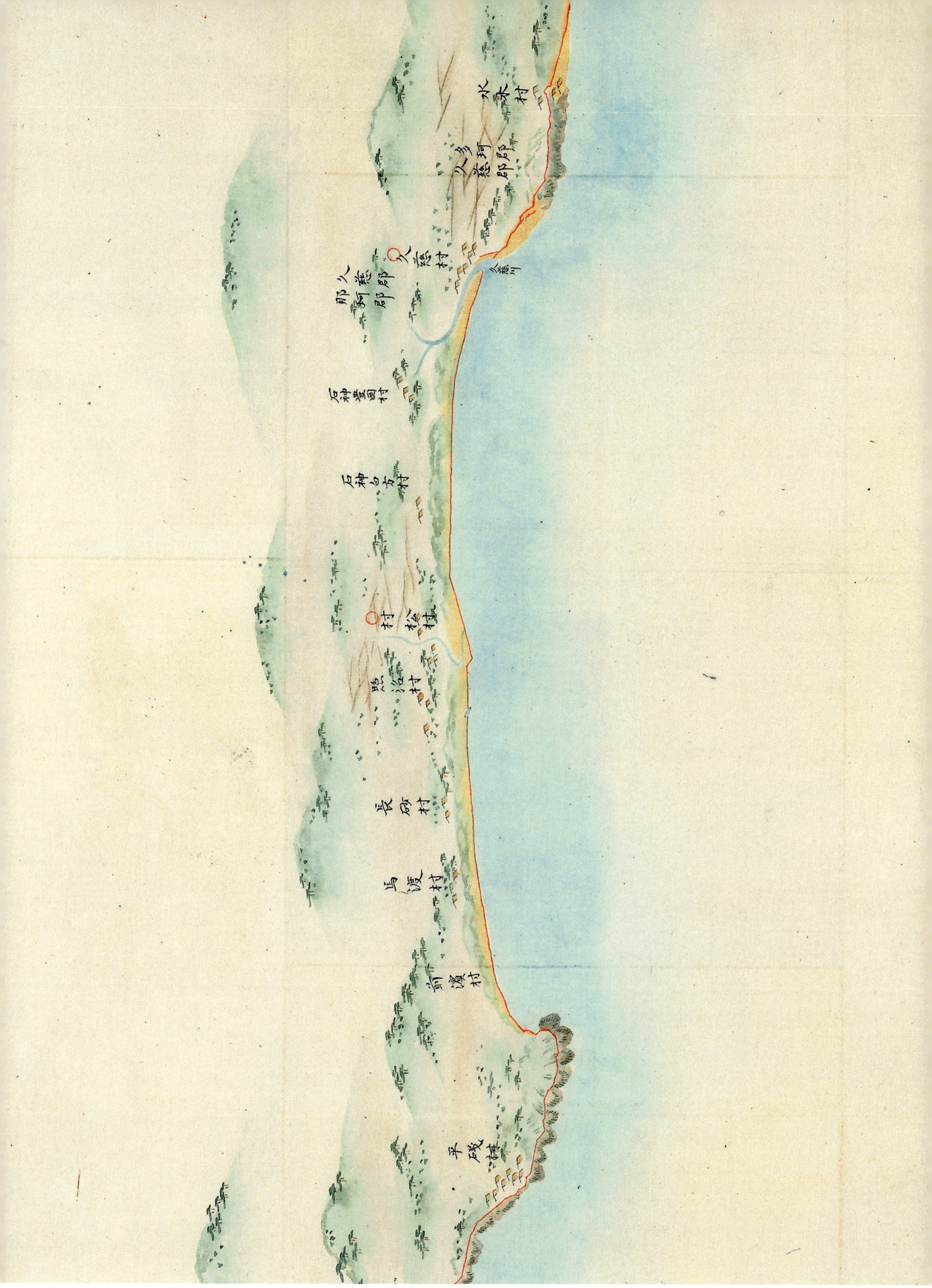
水木村
多珂郡
久慈郡
久慈村
久慈川
久慈郡
那珂郡
石神豊岡村
石神白方村
村松村
照沼村
長砂村
馬渡村
前渡村
平磯村

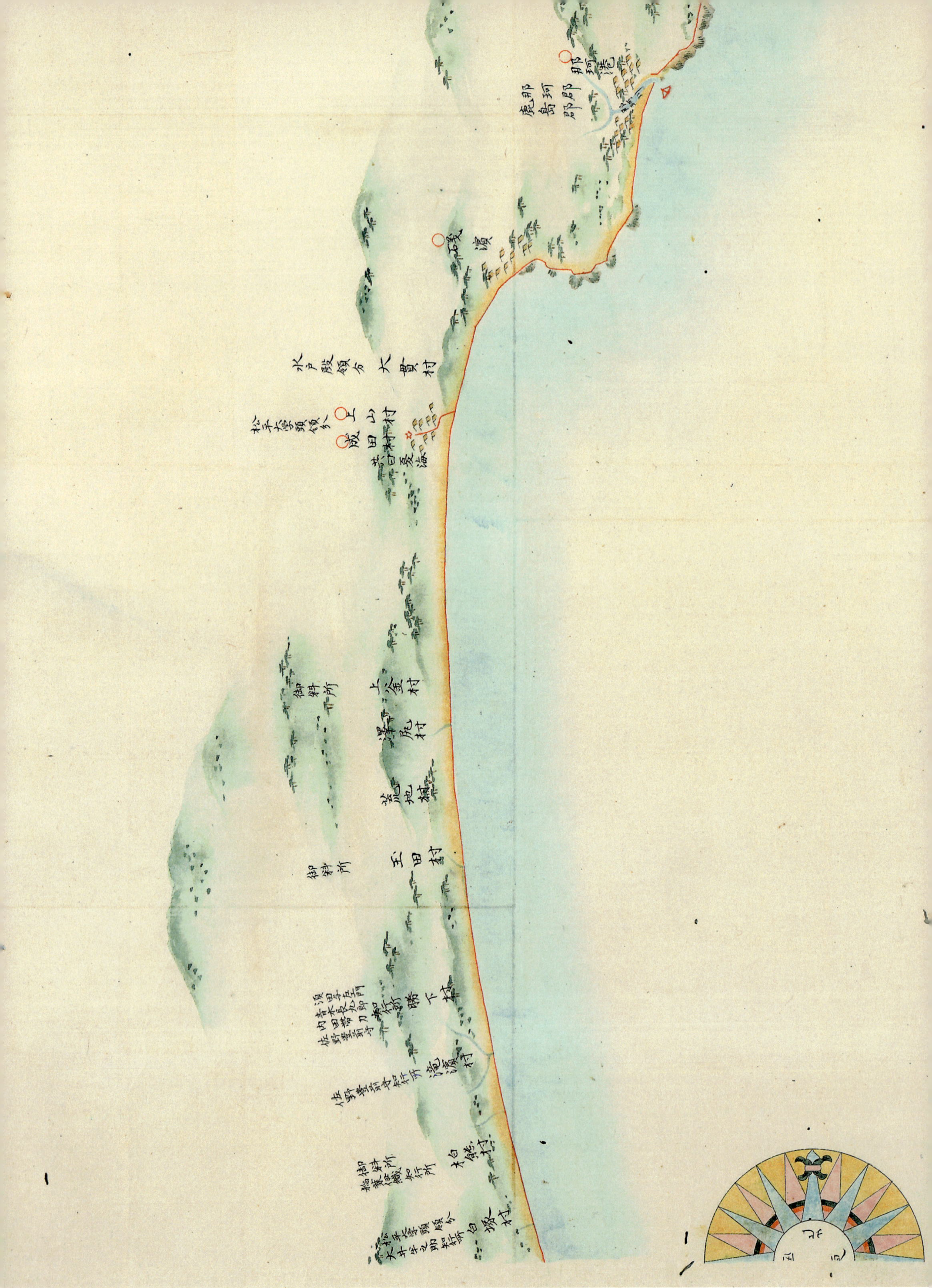
水戸殿領分
大甕村

東
南
常陸

利根川
常陸國鹿島郡
下總國海上郡
小濱村
高神村
犬吠埼
長崎

下總
利根川

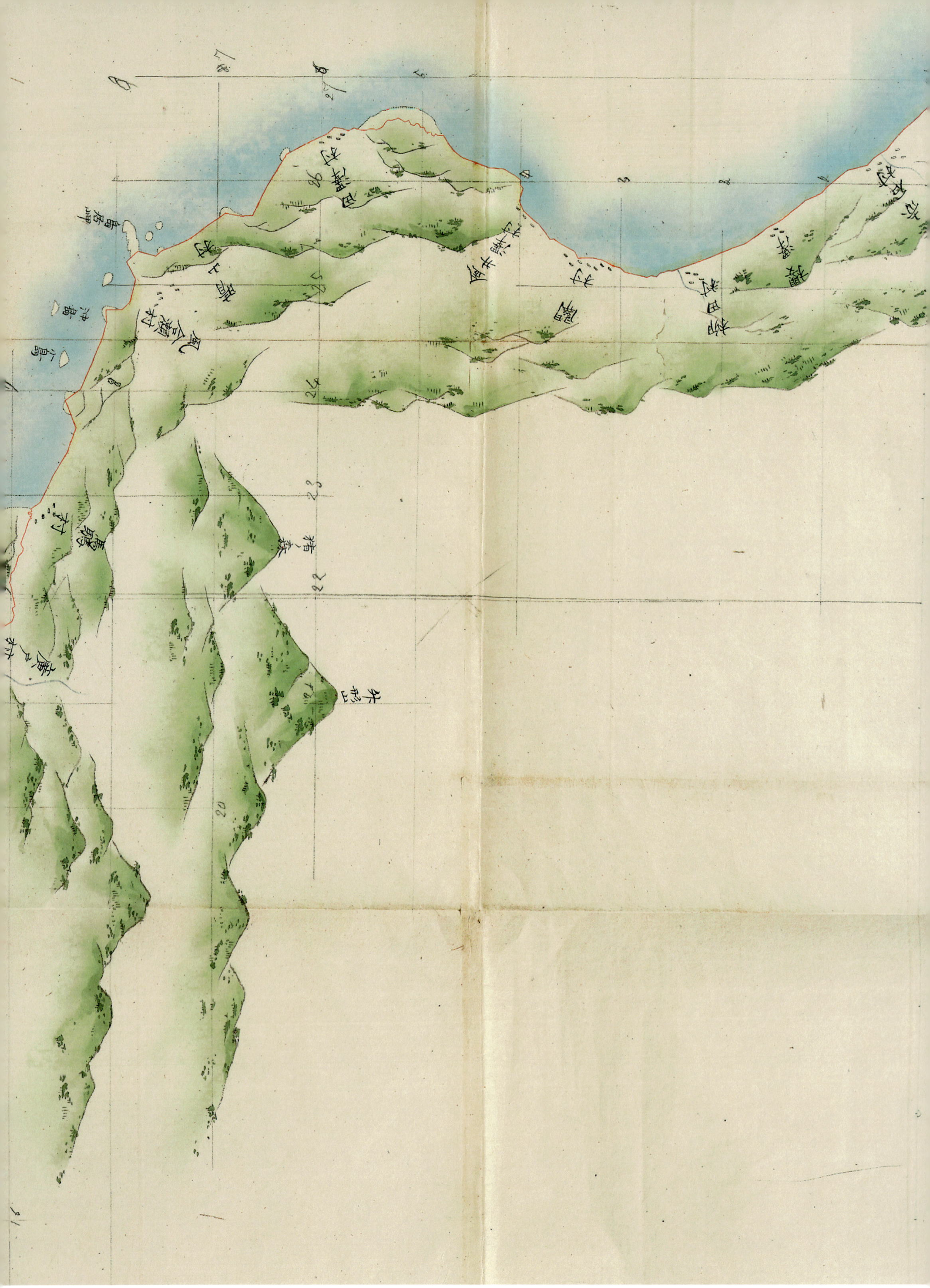
風合瀬村
沖島
小島
鳥居岬

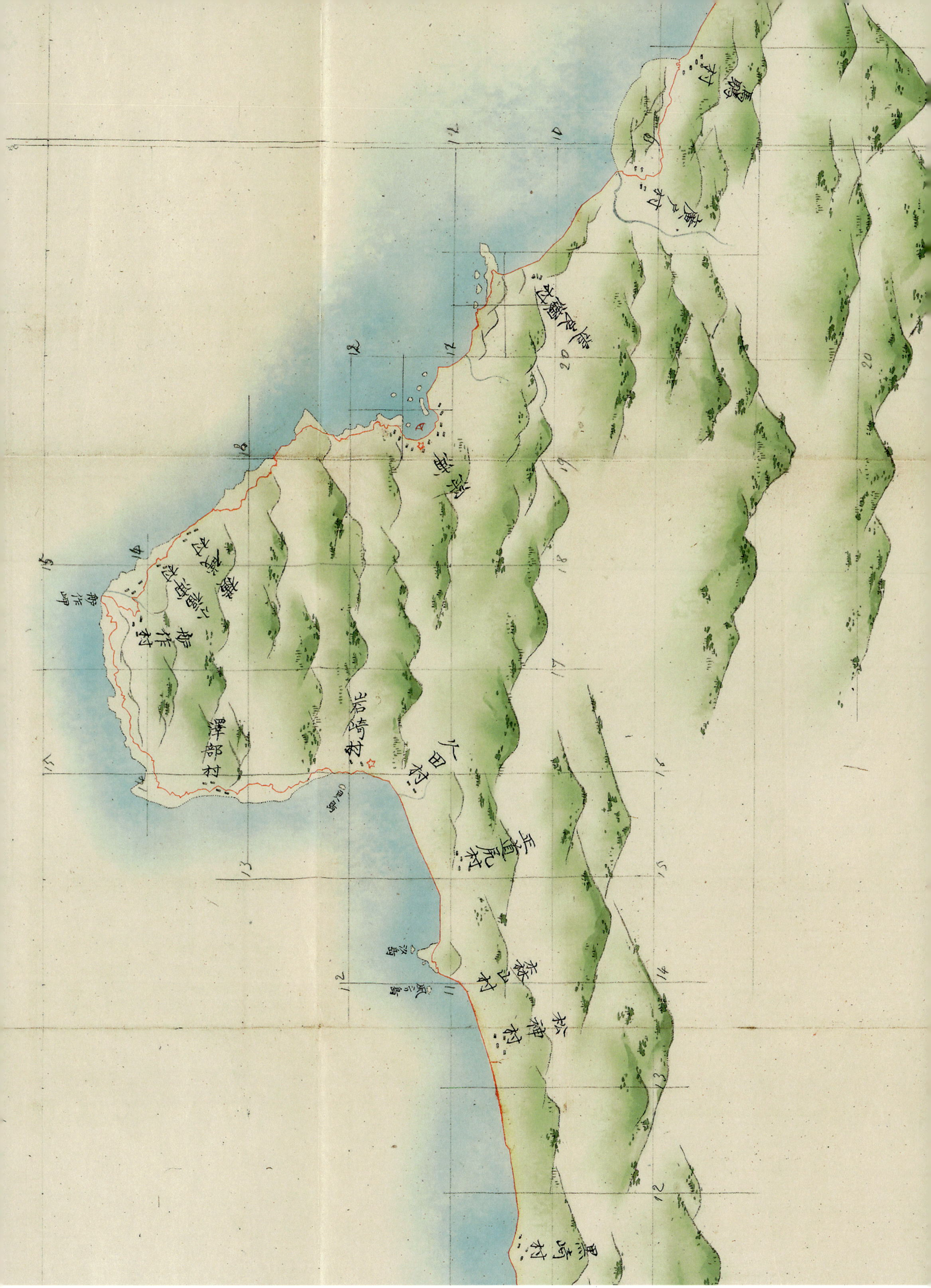
岩崎村
正道尻村
森山村
松神村
黒崎村

黒崎村
大間越村
出羽國山本郡
陸奥國津軽郡
岩館村
八森村滝間
八森村茂浦
八森村椿
八森村濱田
八森村

204
206 205
208

目名形村
水澤村
高屋野村
田中村
沼田村
竹生村
須田村
落合村
向能代村
能代
米代川
出戸
大内田村
出戸村
大内田村
椿ヶ崎
川尻村
浅内村
外面村
鶴形
田床内村
檜山
大森村
赤ヶ橋村
金光寺村
豊岡
30
29
28
27
26
25
24
23
22
14
15

 第60号 能代（2）

落合村
向能代村
能代
出戸村
大内田村
浅内村
外岡村
濱田村
大森村
志ゝ橋村
金光寺村
豊岡
森岡
大釜谷村
大口村
山本郡
秋田郡
新屋敷
鹿渡
野石村

第61号　森吉山（1）

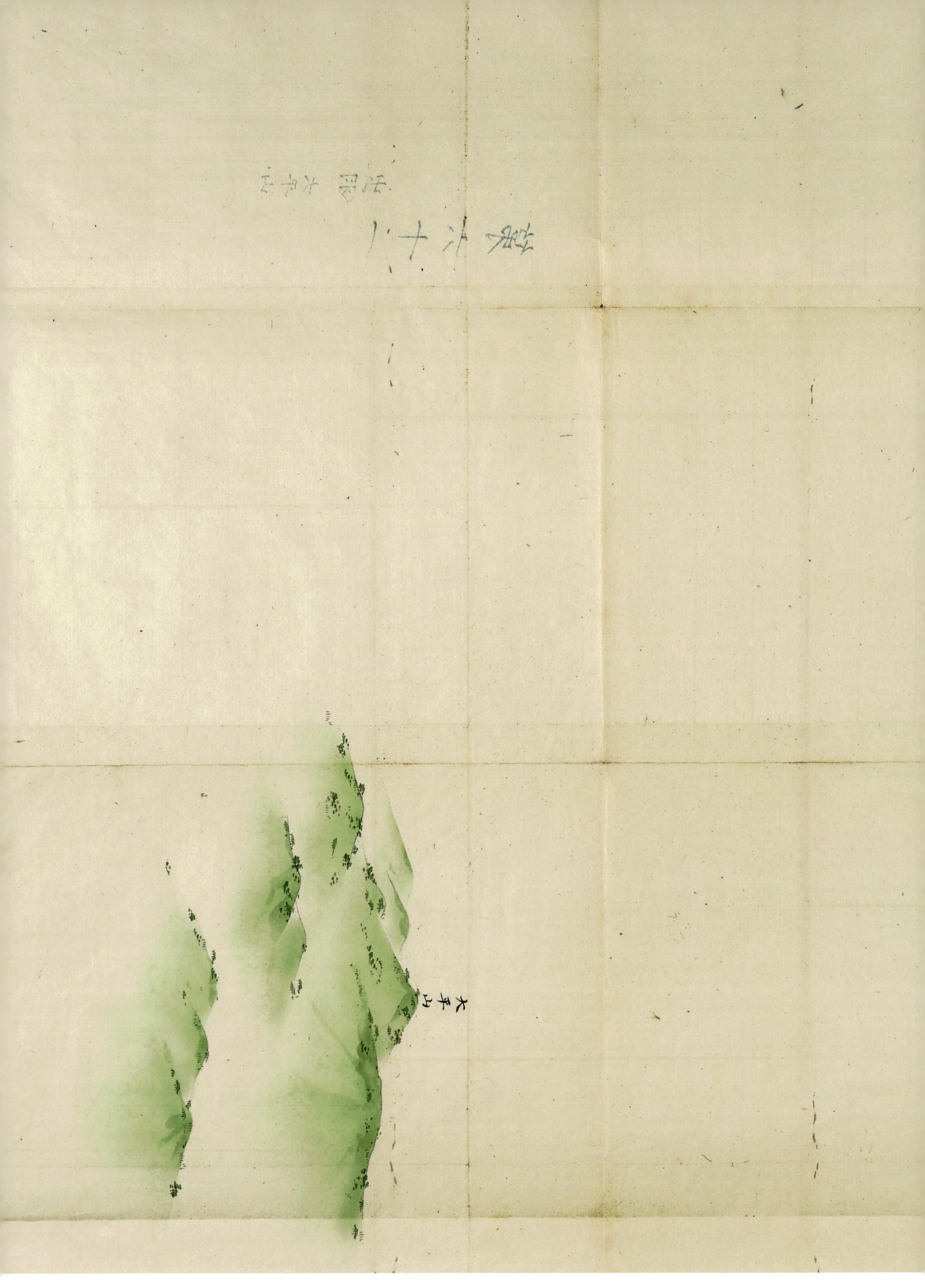

第61号　森吉山（2）

第六十二
畑村
湯本村
戸賀村
塩戸村
加茂村
青砂村
新山
本山
小濱村
双六村
椿村
臺島村
女川村
増川村
金川村
脇本村
福川村
寒風山

第62号　秋田（1）

208
211 212
213

第62号　秋田（2）

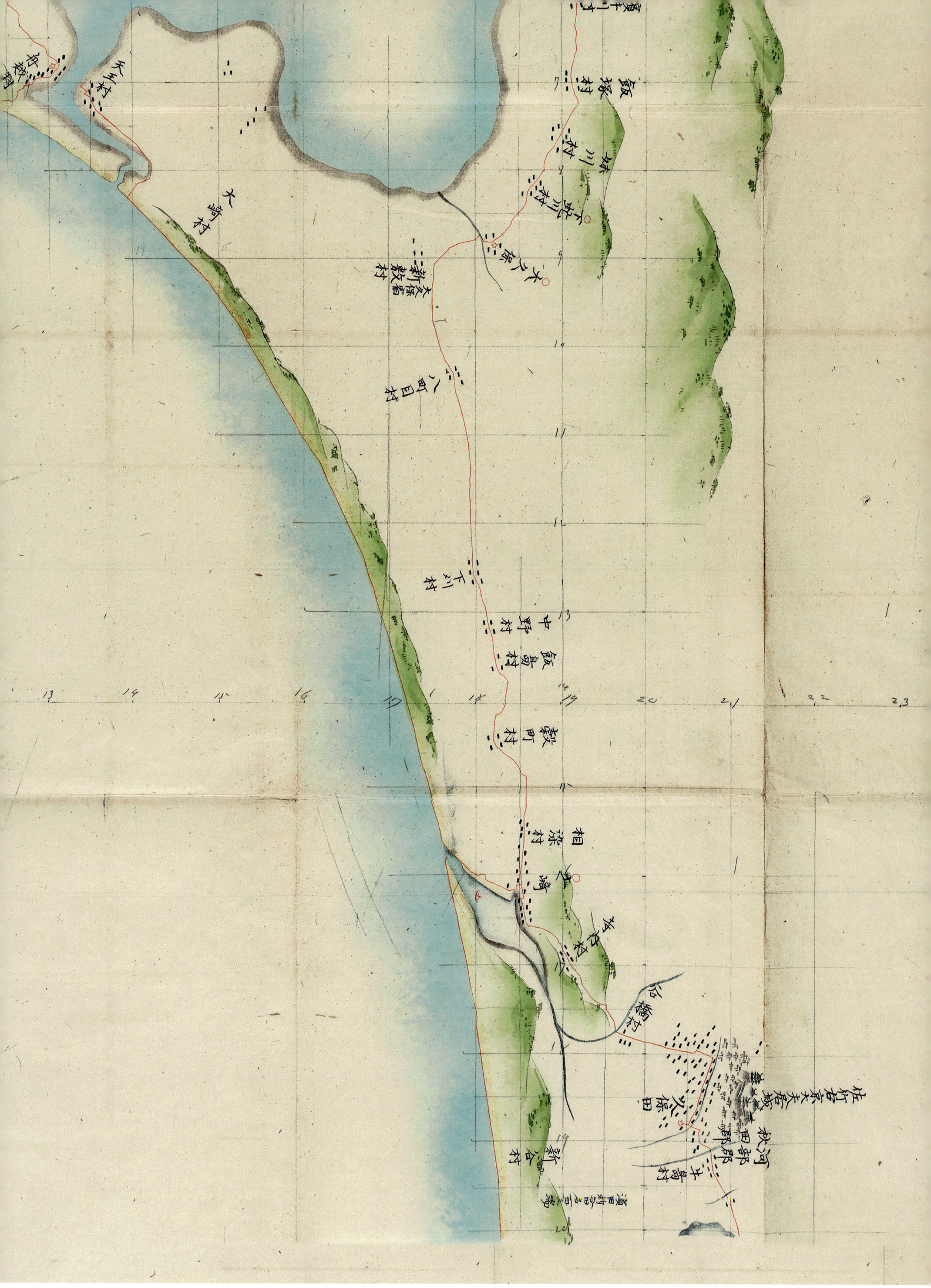
飯塚村
下虻川村
大崎村
八町目村
下刈村
中野村
飯島村
相染村
土崎
佐竹右京大夫居城
久保田
秋田郡
河辺郡
牛島村

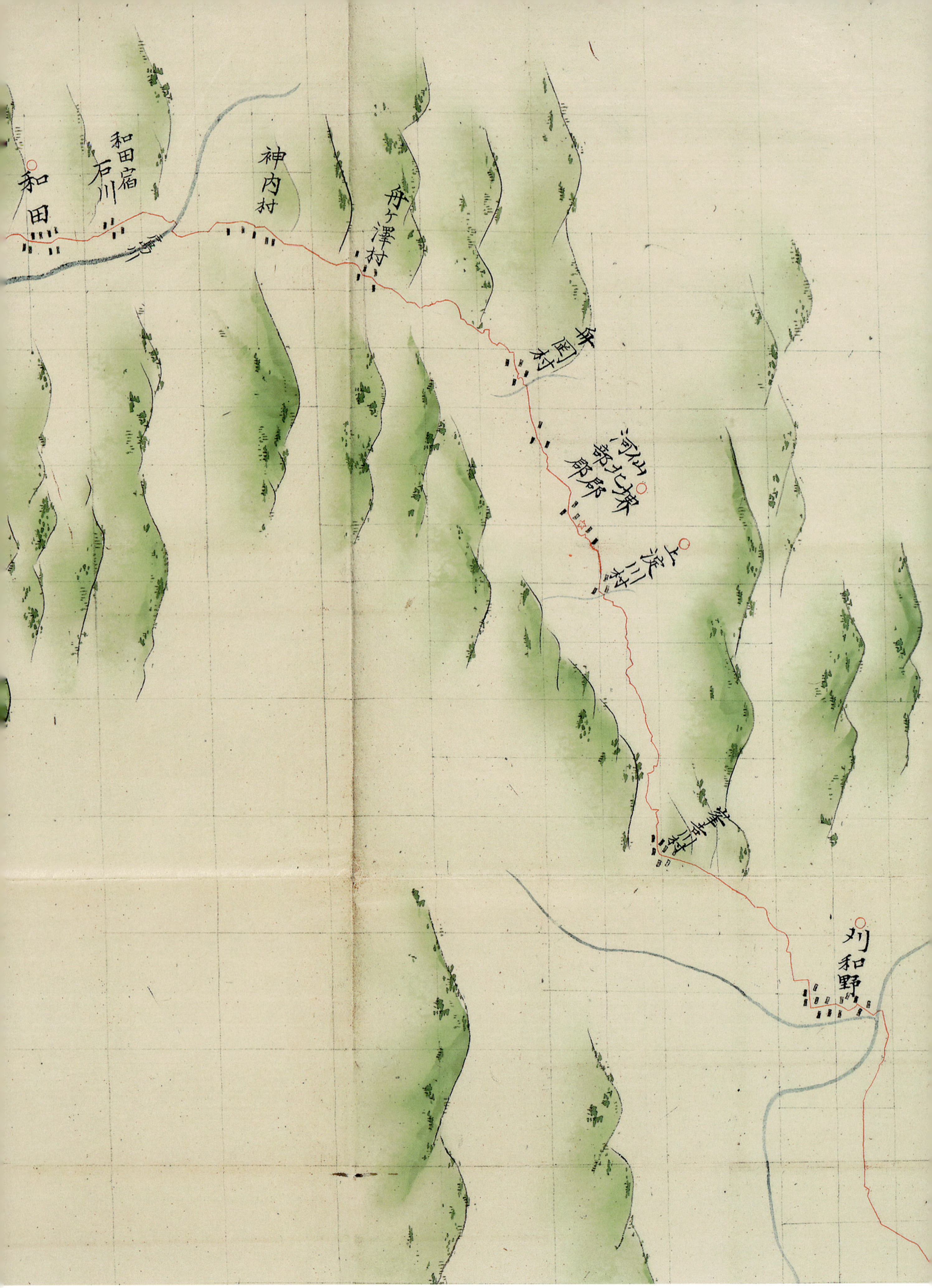

和田
和田宿
石川
神内村
舟ケ澤村
河辺郡
山北郡
上淀川村
峰吉川村
刈和野

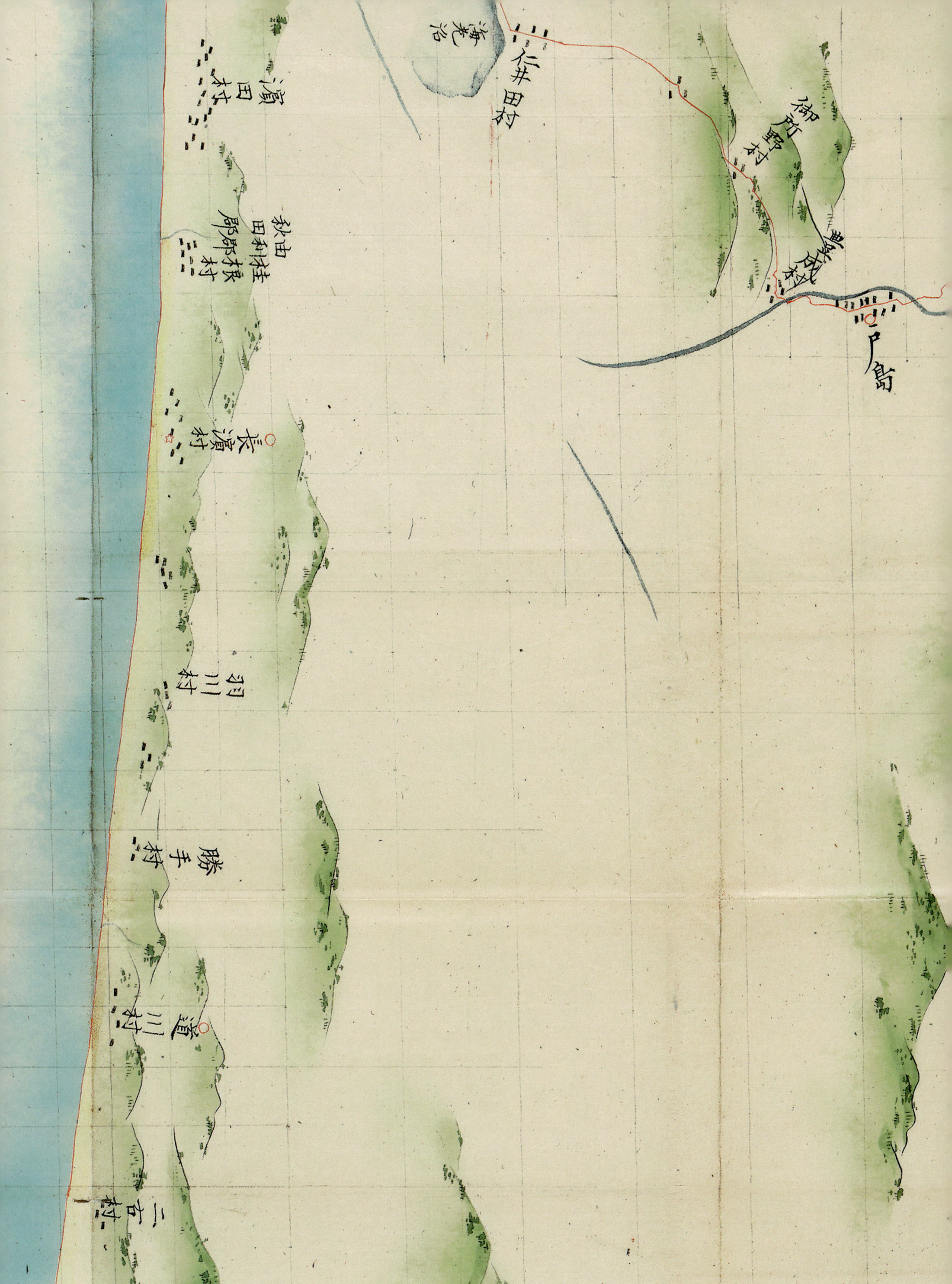
濱田村
仁井田村
御所野村
戸島
秋田郡
由利郡
桂根村
長濵村
羽川村
勝手村
道川村
二古村

214
218 216
221

第63号　本荘・大曲（2）

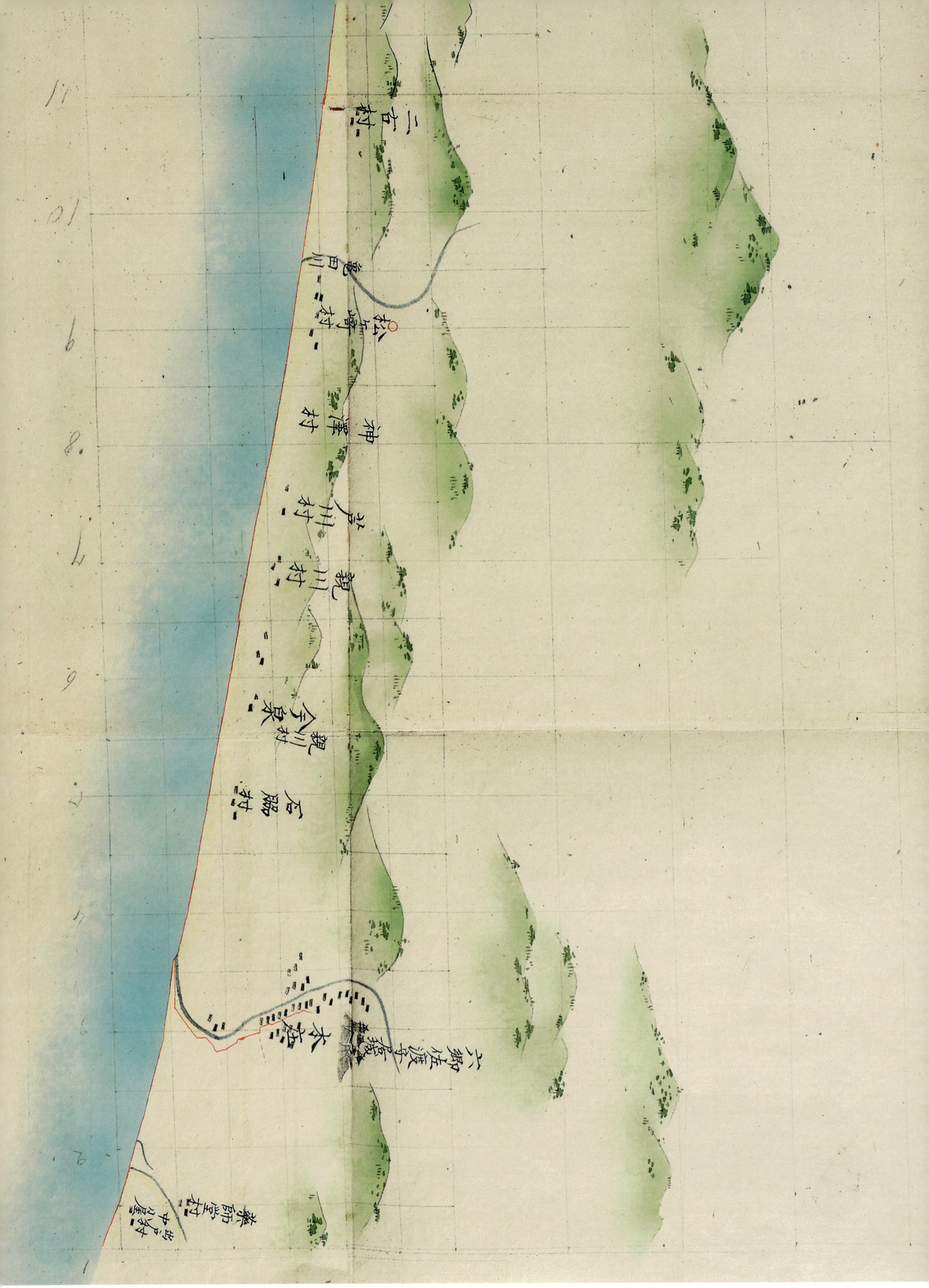

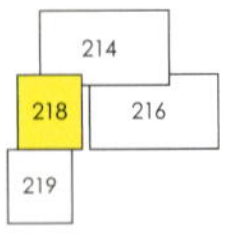

第63号　本荘・大曲（3）

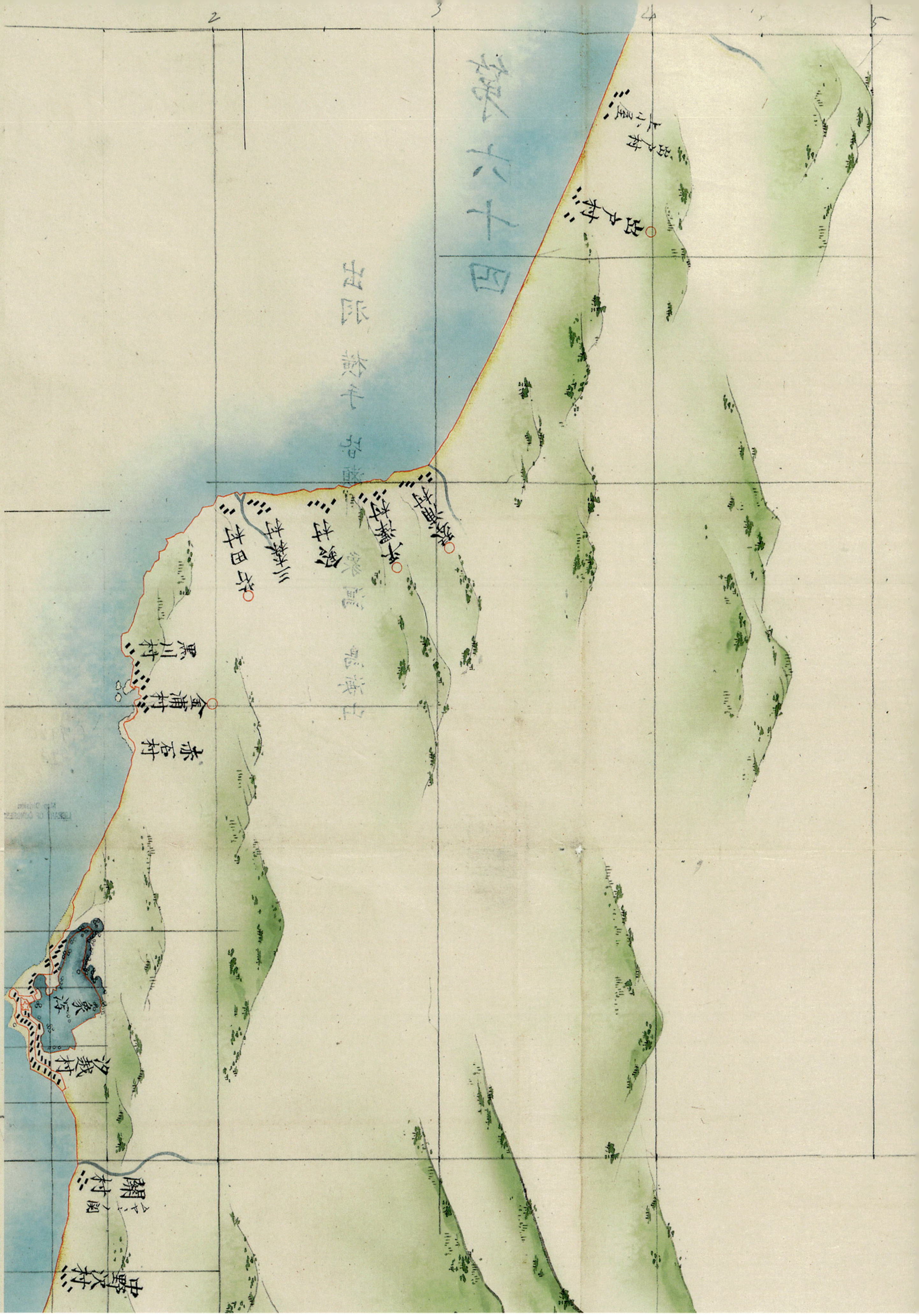
出戸村
黒川村
金浦村
赤石村
象潟
塩越村
関村

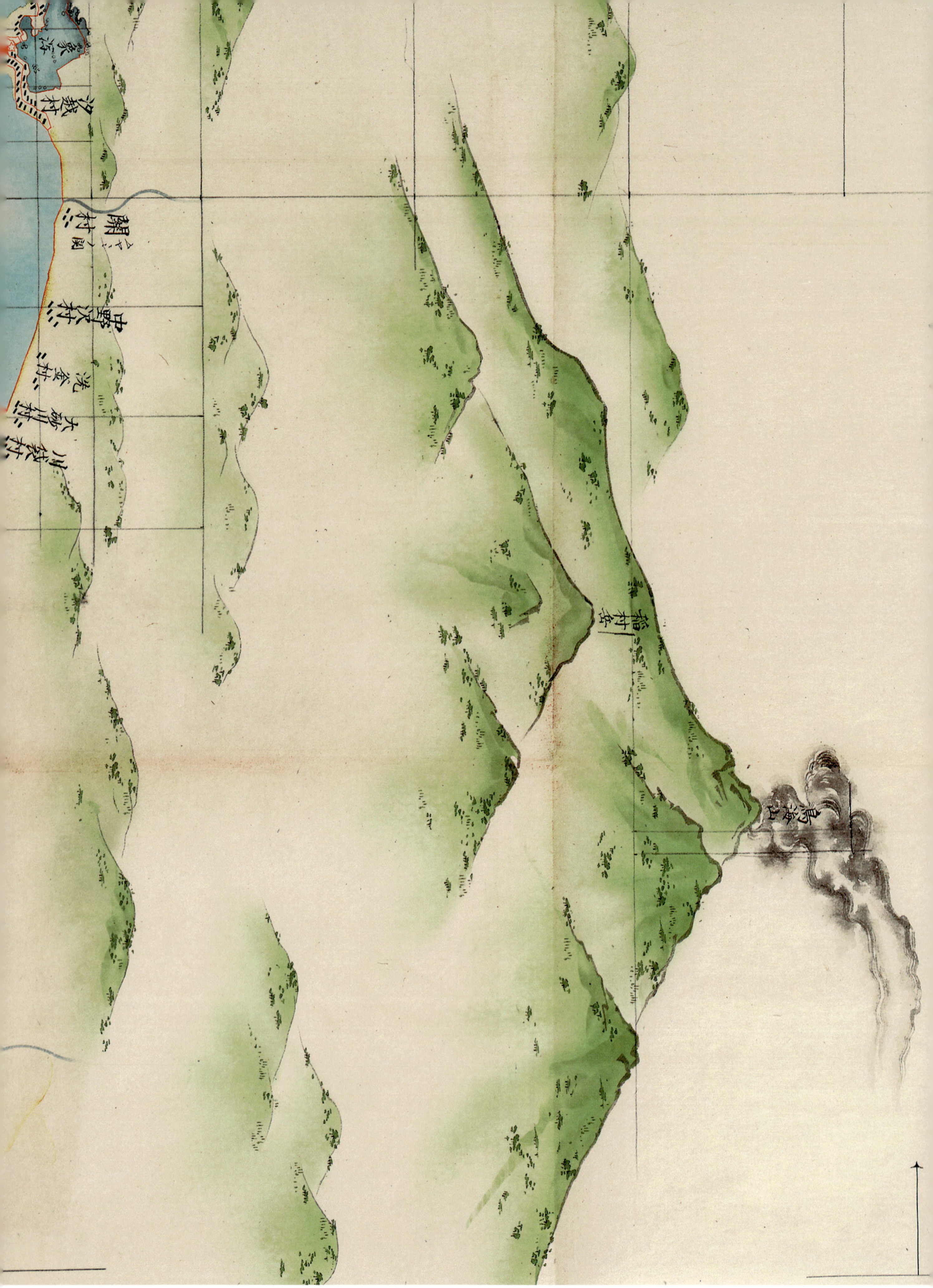
象潟
汐越村
関村
中野沢村
洗釜村
大砂川村
川袋村
鳥海山

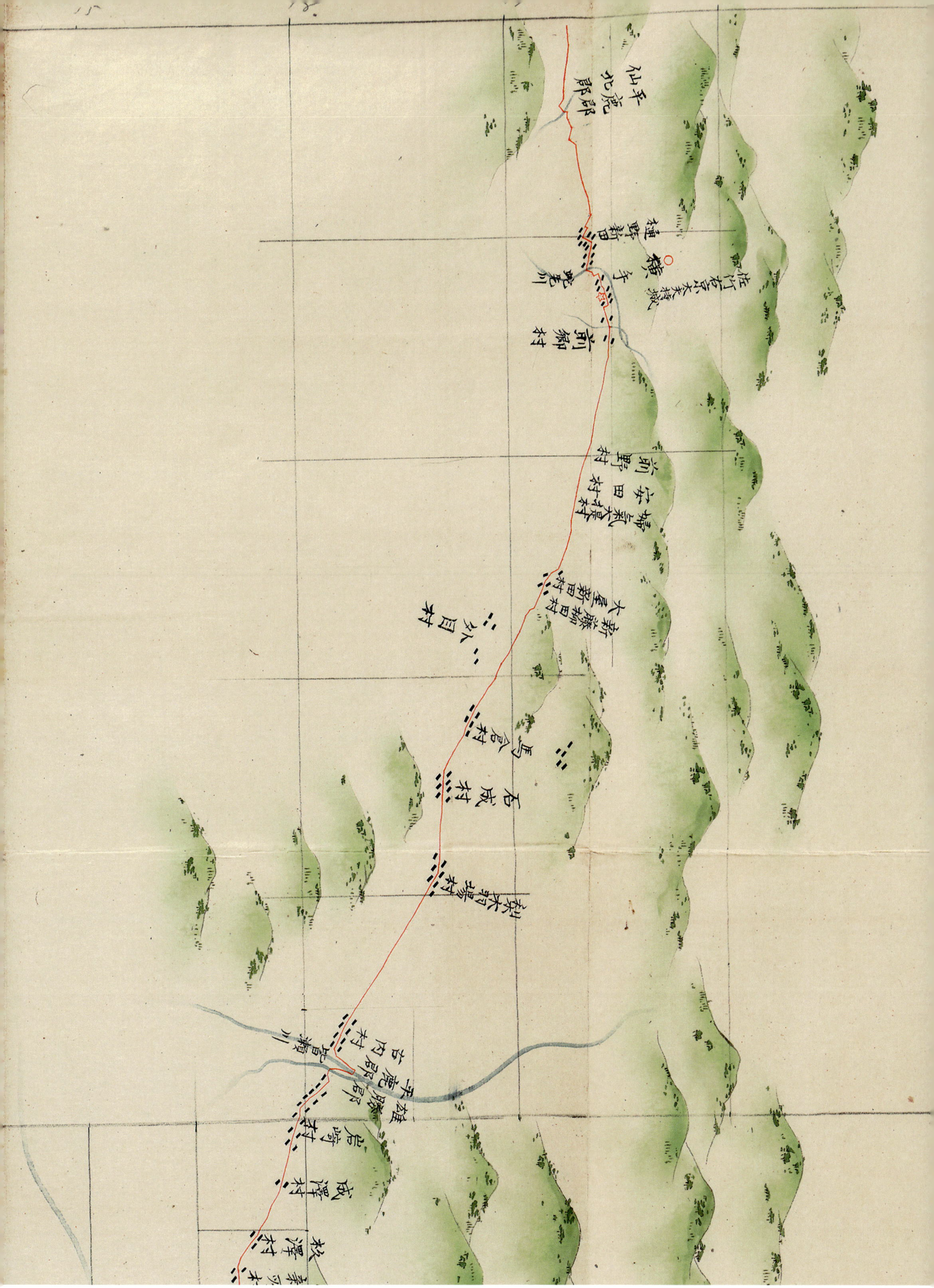
平鹿郡
仙北郡
佐竹右京大夫持城
前郷村
外目村
馬倉村
石成村
雄勝郡
岩崎村

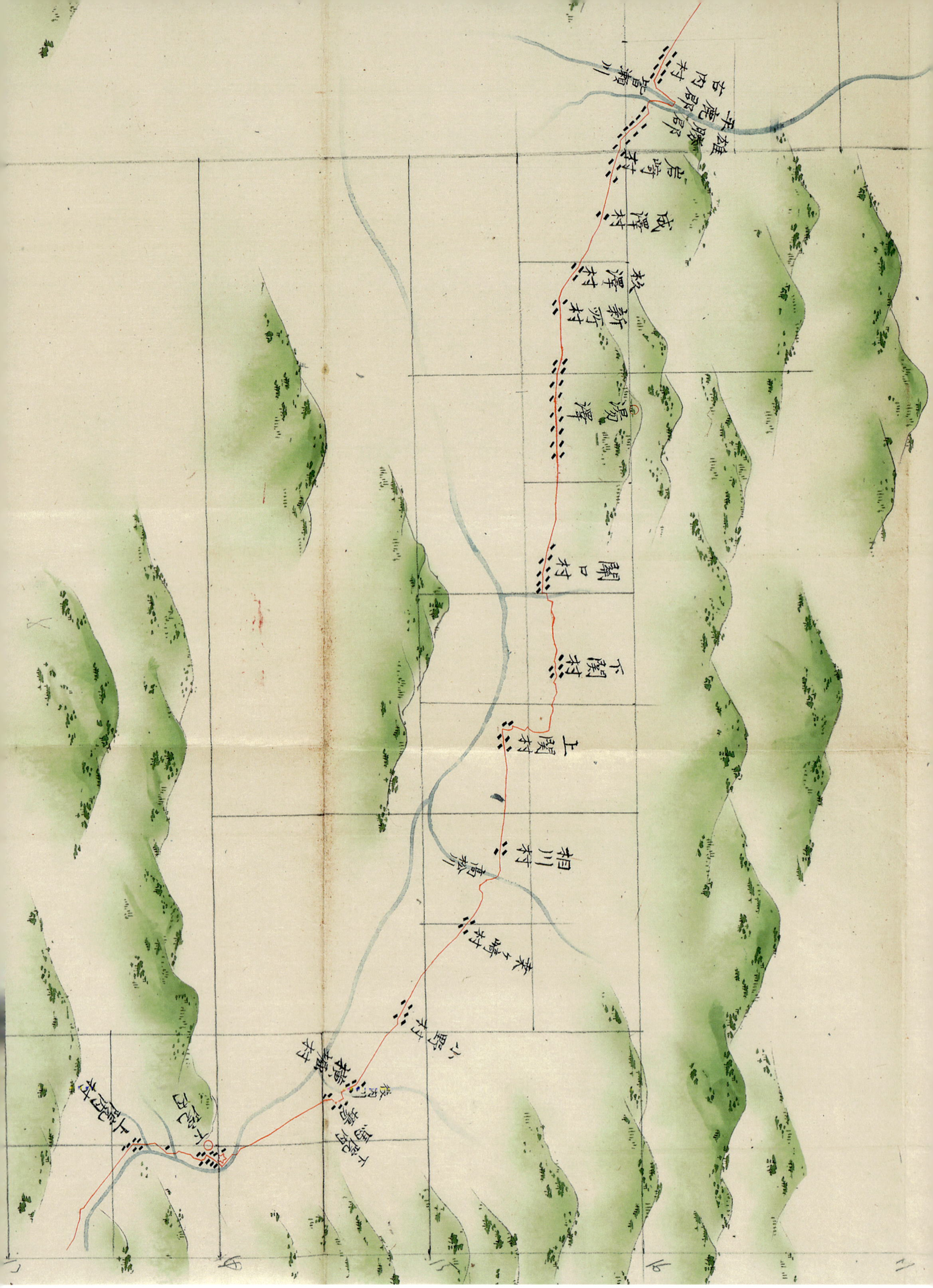

雄勝郡
平鹿郡
古内村
皆瀬川
岩崎村
成沢村
松沢村
新町村
湯沢
関口村
下関村
上関村
相川村
高松川
小野村
横堀村
役内川

南
雄勝郡
最上郡
雄勝峠
及位
中田村
金山
有屋川
山崎村
上台村
萩野村
赤坂

泉田村
新庄
太田村
金沢町
馬越村
最上郡
村山郡

月山
葉山

村山郡
最上郡
御料所
名木沢
芦沢村

南
林崎村
御料所
楯岡
宮崎
六田
御料所
新町新田
土屋相模守領
乱川村
御料所
久之木村
土屋相模守領
老ノ森村
織田左近将監領
天童
芳賀村
織田左近将監領

第66号　山形（1）

三国越
笹谷峠
蔵王山
御料所
清池村
瀧山村
長町村
堀田相模守領分
秋元左衛門佐領分
織田左近将監領分

 第66号　山形（2）

笹谷峠
蔵王山
竜山
秋元左門佐
御料

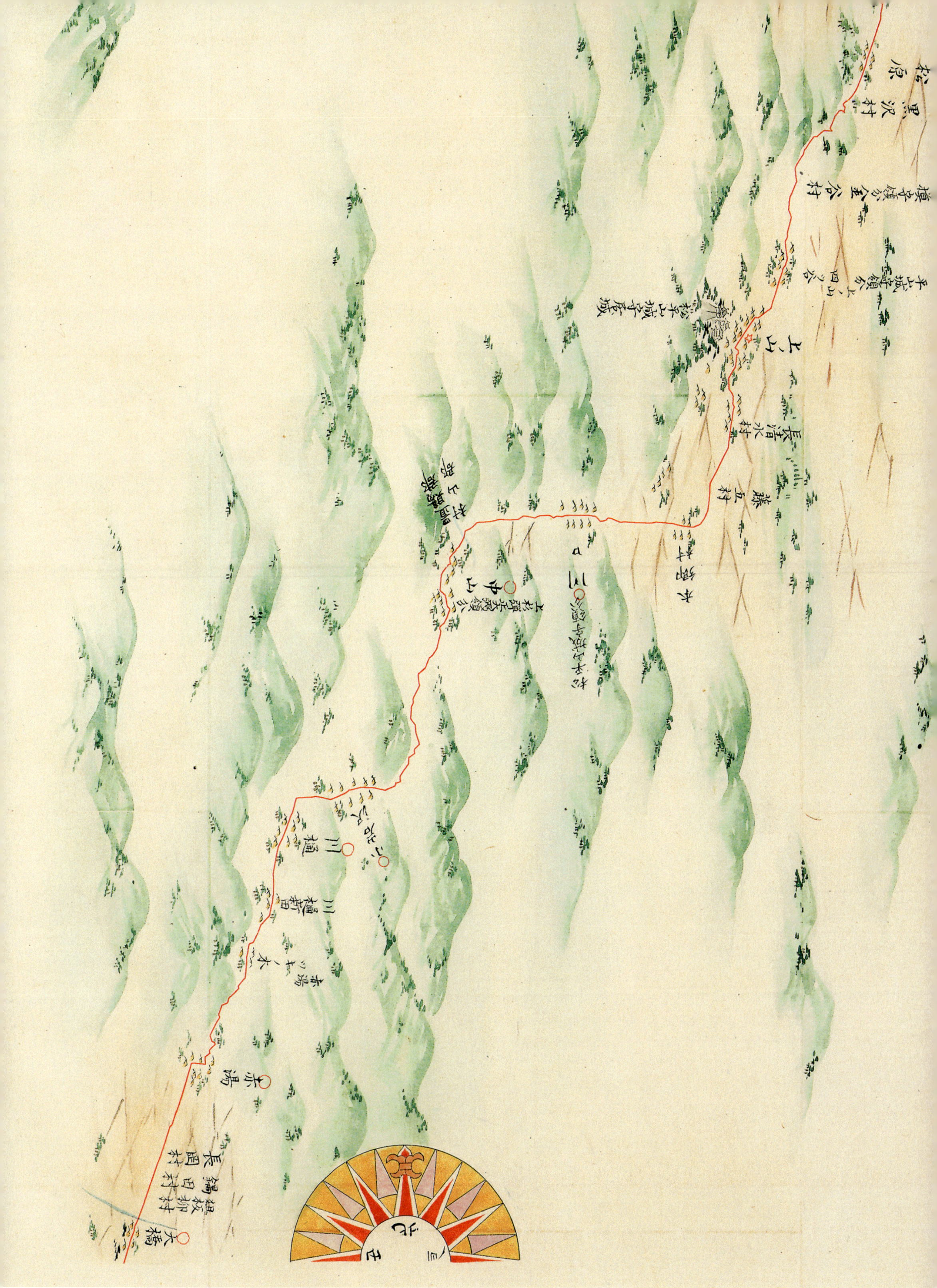

第66号　山形（3）

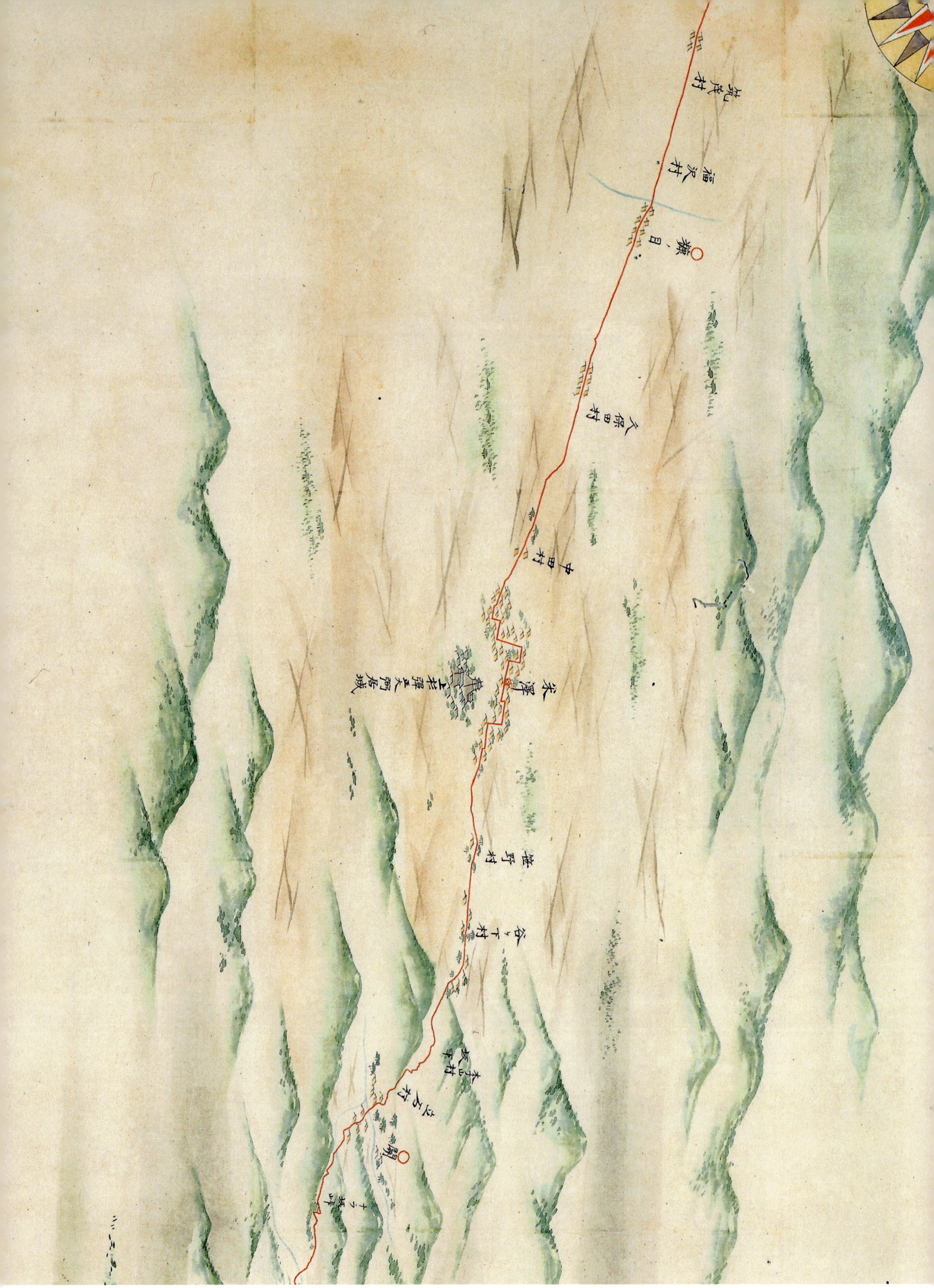

230
232
233

第67号　会津若松・米沢（1）

ナラ坂峠
上杉弾正大弼領分
綱木
出羽國置賜郡
陸奥國耶麻郡
檜原峠
檜原
松平肥後守領分

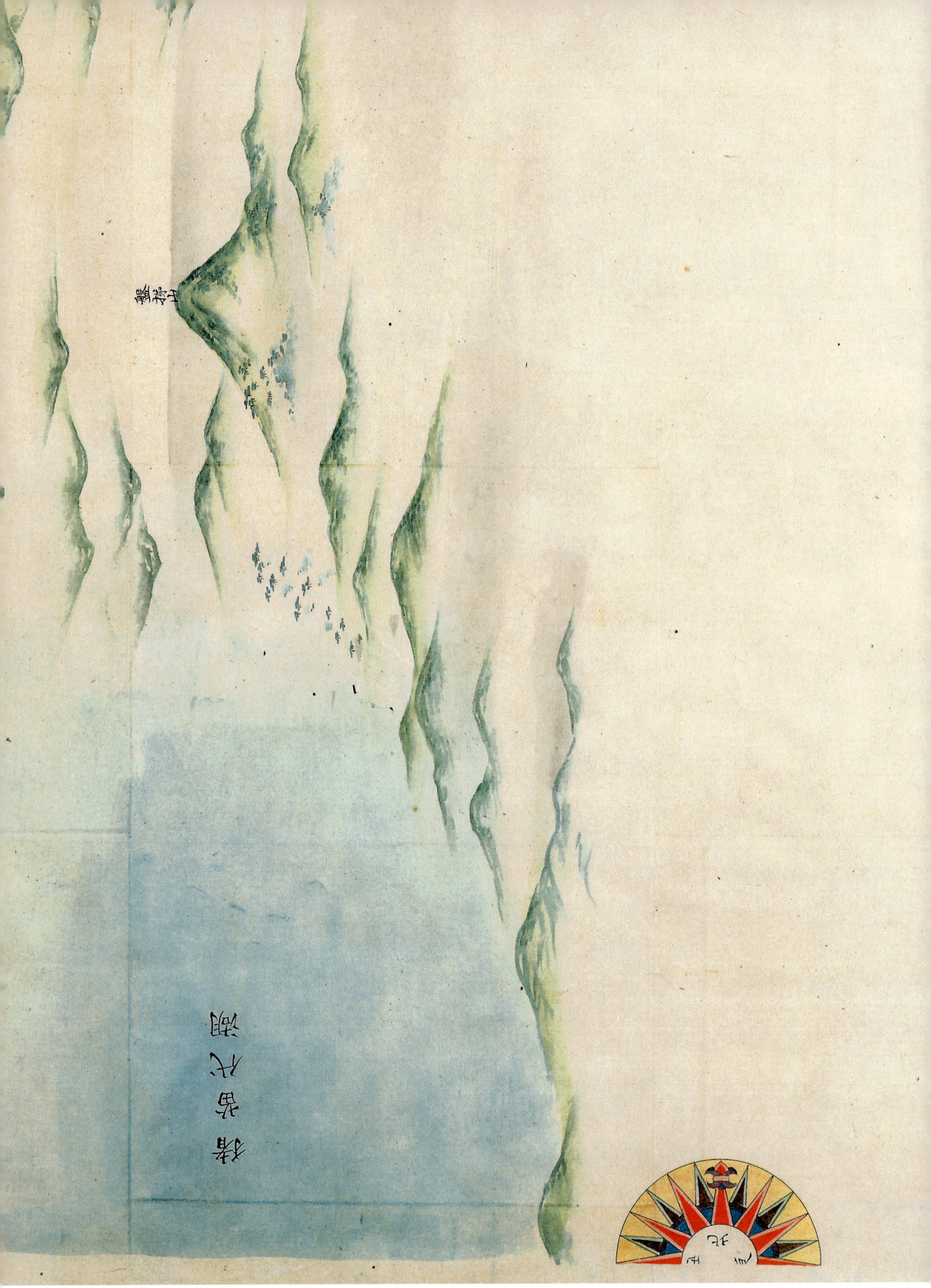

第67号　会津若松・米沢（3）

第68号　白河（1）

滑川村
岩瀬郡
白川郡
松平越中守居城
松平越中守領分
泉田村
大隈川

那須山
月山

松平越中守居城
白川
泉田村
大谷地村
松平越中守領分
境明神
大関伊豫守領分
山中村
大久保村
高瀬村
板谷村
大関伊豫守領分

第68号　白河（3）

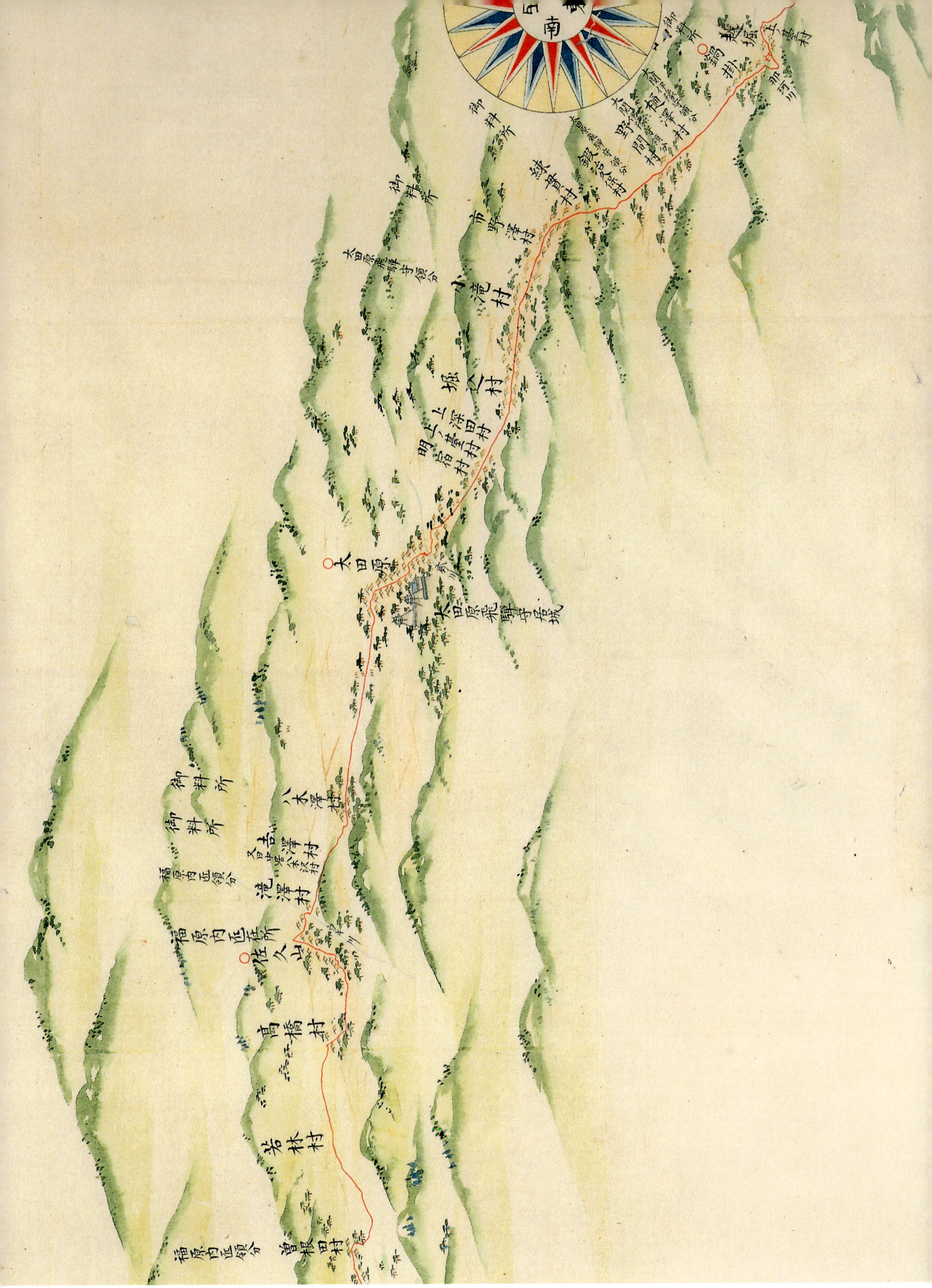
南
御料所
越堀
上ノ台村
鍋掛
那珂川
大関伊予守領分
稲澤村
大関伊予守領分
野間村
大田原飛騨守領分
鍛冶内村
御料所
練貫村
市野澤村
御料所
大田原飛騨守領分
小滝村
堀之内村
上深田村
上ノ台村
明宿村
太田原
大田原飛騨守居城
御料所
御料所
八木澤村
吉澤村
滝澤村
福原内匠領分
福原内匠在所
佐久山
馬橋村
若林村
曽根田村
福原内匠領分

高原峠
南

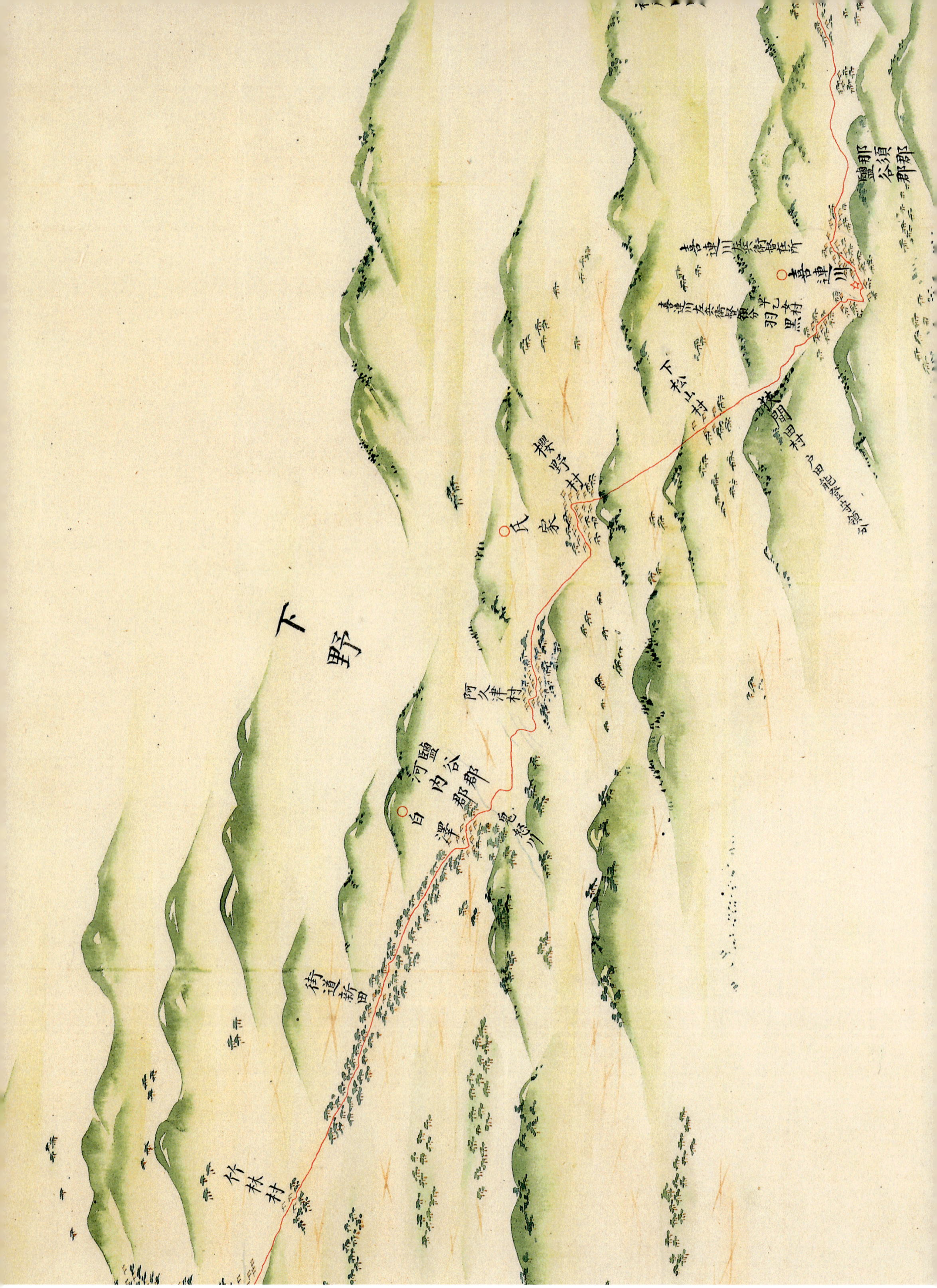
下野
鹽谷郡
河内郡
白澤
鬼怒川
竹林村
阿久津村
氏家
櫻野村
喜連川
鹽谷郡
那須郡

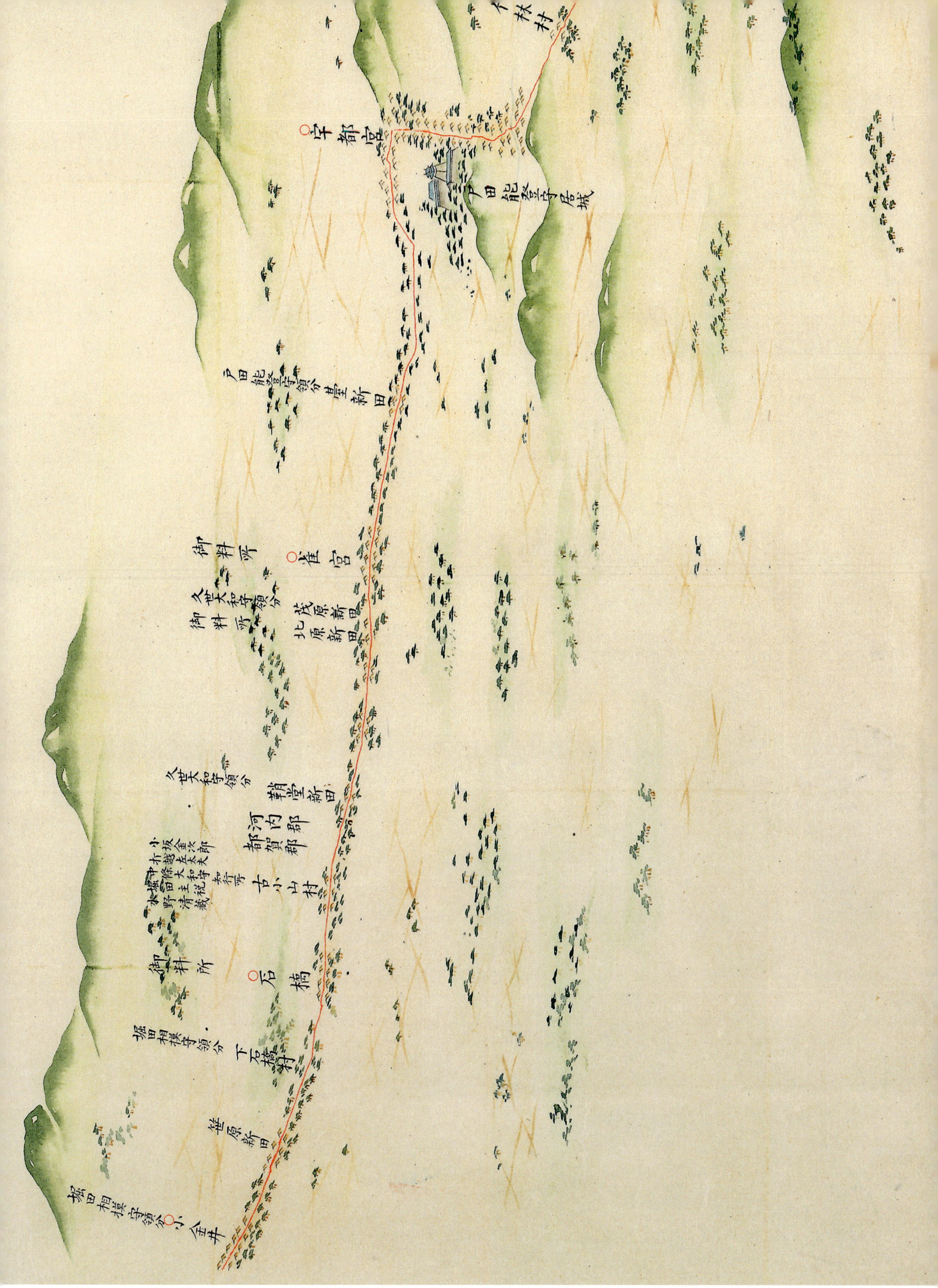

244
245
2巻
072

飛島
男神島

246 220 247 248

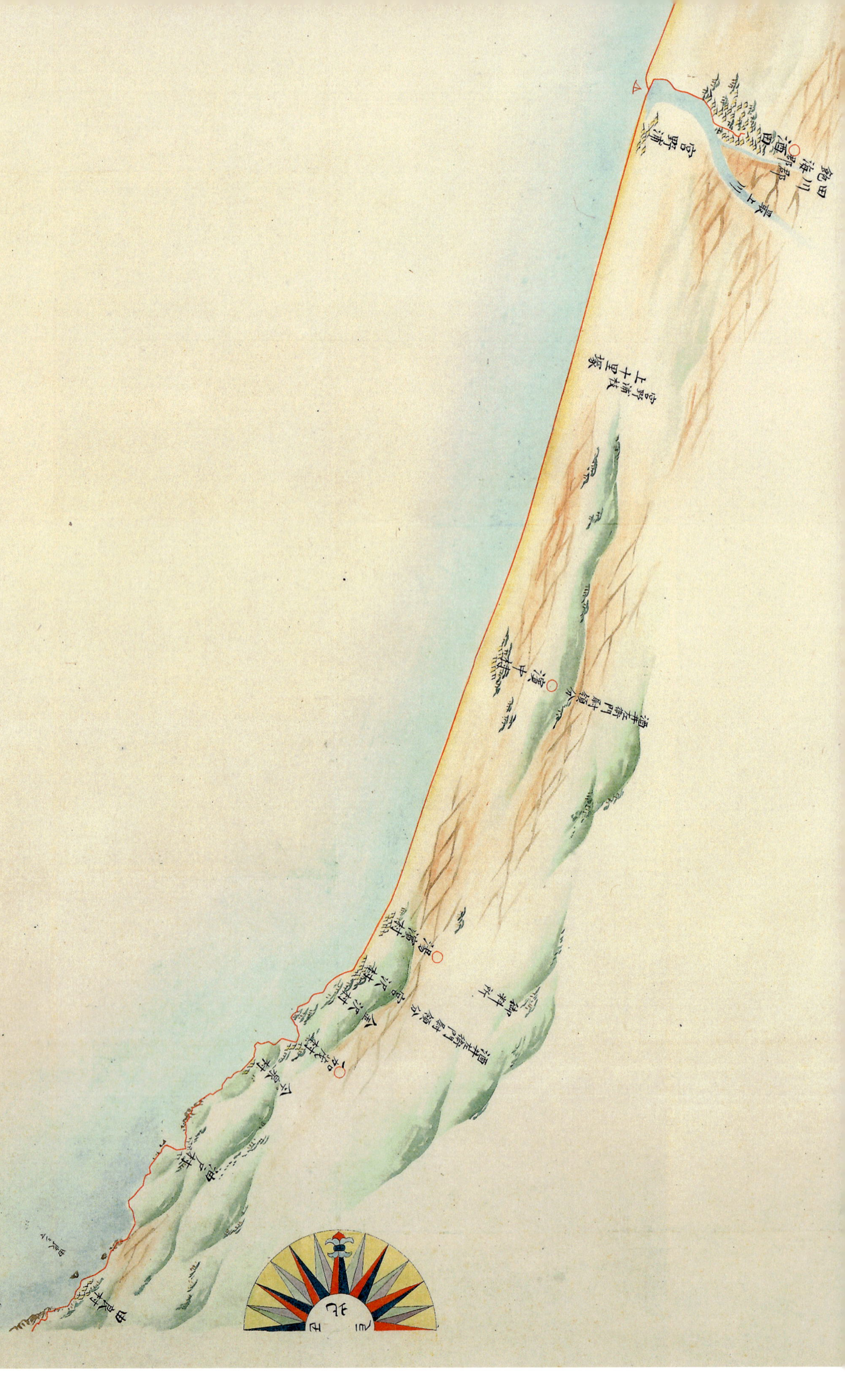
宮野浦
浜中

大岩川村
小岩川村
早田村
酒井左衛門尉領分
越後國岩船郡
出羽國田川郡
中濱村
御料所

249
250
2巻
013

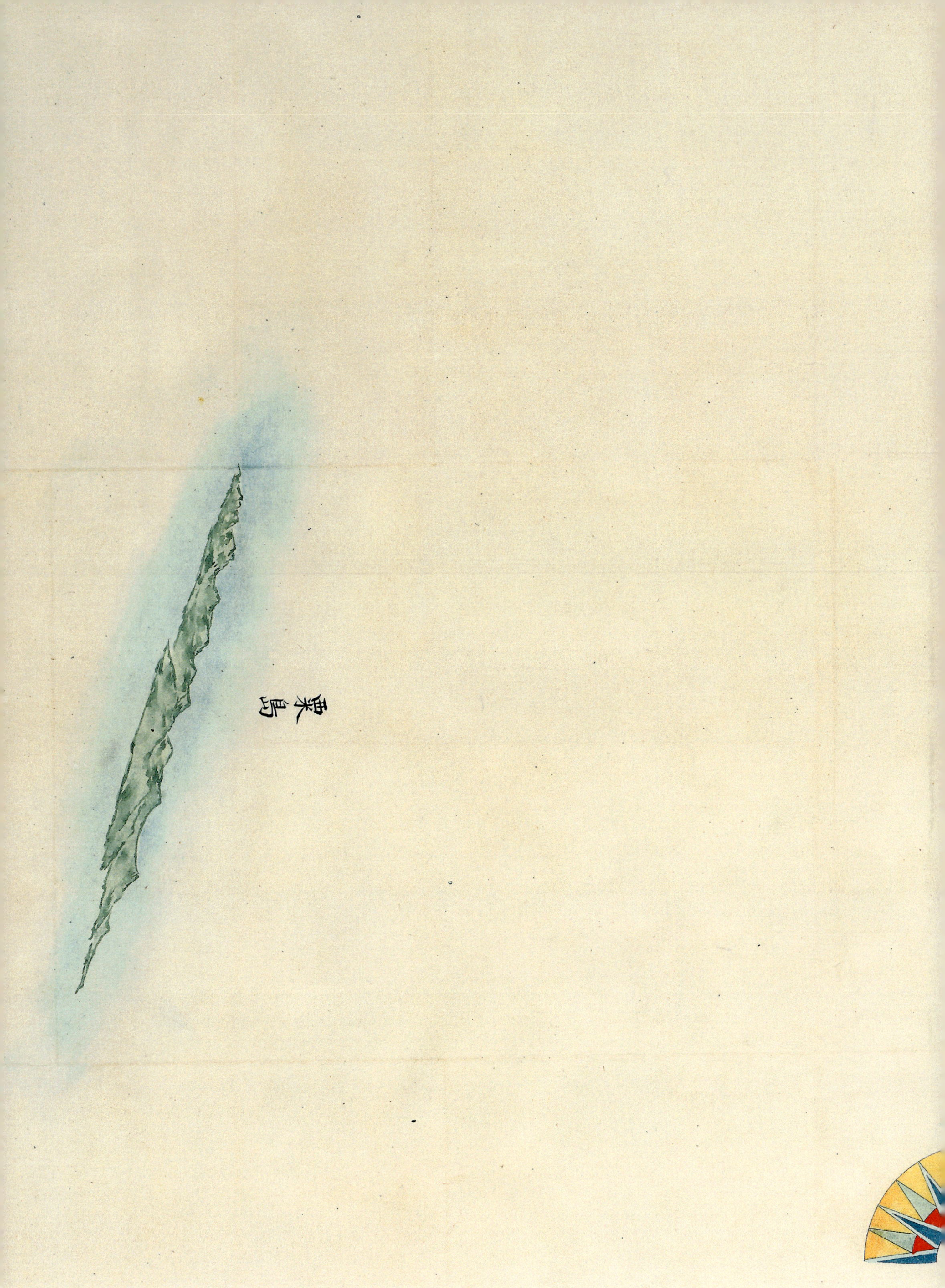

第71号　温海（2）

【監修】渡辺一郎（わたなべ・いちろう）
1929年、東京都生まれ。1949年、逓信省中央無線電信講習所（現・電気通信大学）卒。日本電信電話公社（現・NTT）計画局員、データ通信本部（現・NTTデータ）調査役などを経て、51歳で退職。コビシ電機㈱副社長を10年間務めた後、1994年頃から「伊能図と伊能忠敬の研究」に専念。1995年、フランスで発見された伊能中図を佐原市（現・香取市）へ里帰りさせた機会に「伊能忠敬研究会」を結成。伊能忠敬研究会代表理事を経て、現在は名誉代表。編著書に、『伊能測量隊まかり通る』（NTT出版）、『伊能忠敬が歩いた日本』（筑摩書房）、『最終上呈版 伊能図集成』（共著、柏書房）、『伊能忠敬測量隊』（小学館）、『図説 伊能忠敬の地図をよむ』（河出書房新社）、『伊能大図総覧』（監修、河出書房新社）などがある。

第1巻の伊能図所蔵先　アメリカ議会図書館（p.12-39, 42-115, 121-183, 202-222）／国立国会図書館（p.184-192, 196-201, 223-251）／国立歴史民俗博物館（p.116-120, 193-195）／海上保安庁海洋情報部（p.40-41）（詳細は第6巻参照）

伊能図大全《いのうずたいぜん》 第《だい》1巻《かん》 伊能大図《いのうだいず》 北海道《ほつかいどう》・東北《とうほく》〔巻別版《かんべつばん》〕

2013年12月10日　初版発行
2018年 5 月20日　巻別版初版印刷
2018年 5 月30日　巻別版初版発行

監修　渡辺一郎
編集協力　横溝高一《よこみぞこういち》／戸村茂昭《とむらしげあき》／竹村基《たけむらはじめ》
装幀・デザイン　渡辺和雄
発行者　小野寺優
発行所　株式会社 河出書房新社
〒151-0051 東京都渋谷区千駄ヶ谷2-32-2
電話（03）3404-1201［営業］（03）3404-8611［編集］
http://www.kawade.co.jp/
印刷・製本　NISSHA株式会社

Printed in Japan
ISBN978-4-309-81231-1